Partnerschaft und Ehe

Michaela Glöckler | Ulrich Meier

Partnerschaft und Ehe

verstehen und sinnstiftend leben

Bibliografische Information Der Deutschen Bibliothek
Die Deutsche Bibliothek verzeichnet diese Publikation in der Deutschen Nationalbibliografie; detaillierte bibliografische Daten sind im Internet über <http://dnb.ddb.de> abrufbar.

Gedruckt auf umweltfreundlichem,
chlorfrei gebleichtem Papier

Die ersten beiden Kapitel dieses Buches sind erstmals erschienen in: Michaela Glöckler: Elternsprechstunde *(8. Auflage, Stuttgart 2008);* das dritte Kapitel: in der gleichnamigen Broschüre *(2. Auflage, Stuttgart 1989)*

Esslingen 2011

Umschlaggestaltung, Grafiken, Satz:
PRmed-Consulting, Esslingen

Druck: Druckerei Steinmeier, Deiningen

ISBN 978-3-932161-77-3

Vom Sinn lebenslanger Partnerschaft und Ehe

Die Sehnsucht ist ein Irrtum der Seele, welche die Kraft des Geistes verkennt. Denn der Geist allein vermag zu erschaffen, was jene von außen vergebens erhofft. Wer nach Liebe sucht, wird sie nicht finden; wer aber Liebe gibt, wird sie wieder empfangen.

Ernst v. Feuchtersleben

Vorbemerkung

Der Besprechung praktischer Fragen zu diesem Thema seien zwei übergeordnete Gesichtspunkte vorangestellt. Zunächst die Szene aus dem Matthäus-Evangelium (Kapitel 22, 23-33), wo Jesus von den Sadduzäern gefragt wird, welchem ihrer sieben Ehemänner (eine Frau hatte nacheinander sieben Brüder geheiratet, die alle gestorben waren) sie bei der Auferstehung der Toten gehören würde. Er antwortete daraufhin: *In der Auferstehung werden sie weder freien noch sich freien lassen, sondern sie sind gleich wie die Engel im Himmel.* Unser irdisches Vorstellungs-

vermögen ist an Raum und Zeit gebunden. Es ist gut, dies ins Bewusstsein zu heben, wenn ein Thema behandelt wird, wo es nicht nur um Fragen alltäglicher Lebensgestaltung, sondern um die Pflege ideeller Werte wie Liebe, Ehe und Treue geht, die einen überräumlichen und überzeitlichen Charakter haben. Da ist es sinnvoll, sich vor Augen zu führen, dass Ereignisse, die auf der Erde geschehen, wie zum Beispiel ein siebenfacher Partnerwechsel, vom geistigen Gesichtspunkt aus anders zu bewerten sind als vom raum-zeitlichen her. Denn das *Haben-Wollen*, das Sich-Verbinden und -Trennen, sind an das irdisch-körperliche Leben gebunden. Erst der Körper gibt die Möglichkeit, zwischen Selbst und Umwelt zu unterscheiden, und wenn dieser Leib wegfällt oder in der Besinnung auf die ewigen Werte davon abgesehen wird, treten neue Bewertungsmaßstäbe und Gesichtspunkte auf.
Und noch ein Zweites sei aus dem ideell-geistigen Bereich heraus angeführt: In den Evangelien wird das Leben des Jesus so geschildert, dass es kein Ereignis gibt, nicht einmal den Leidensweg mit Peinigung und Todesqual, das ihm nicht die Möglichkeit gibt, durch all diese Ereignisse hindurch den Menschen seine unermessliche Liebesfülle zu zeigen. Auch Tod und Schmerz werden hier zu Äußerungsformen, durch die er der Menschheit seine Liebe zeigt. Und diese Fähigkeit, die Liebe zu bewahren,

ja zu stärken und selbst in widrigsten Lebenslagen noch bewahren zu können — das ist seither jedem Menschen möglich. Denn Liebe bedarf der Gegenliebe nicht, um sich zu erhalten, wenn sie einmal wirklich geweckt wurde. Damit hängt die Heiligkeit der Ehe und der menschlichen Treue zusammen. Es sind dies Qualitäten, die man unter primär irdischen Gesichtspunkten nicht zureichend schätzen kann, weil da doch vieles darauf abzielt, es im Augenblick so bequem und schön wie möglich zu haben.
Mit diesen beiden geistigen Gesichtspunkten kann das vielschichtige und schwer zu bearbeitende Thema *Eheproblematik* erhellt werden. Denn hier wie auch in andere menschliche Konstellationen ragen höchste moralische Qualitäten in alltäglichste Lebensverhältnisse herein.

Welchen Sinn hat die Ehe?

Schon ein Überblick über die Ethnologie (Völkerkunde) zeigt, dass die Vielehe und die Einehe Formen menschlichen Zusammenlebens darstellen, die an bestimmte Kulturgewohnheiten und religiöse Gebräuche gebunden sind. Daher kann man mit demselben Recht, mit dem man nach dem Sinn der Einehe fragt, auch nach dem Sinn der Vielehe fragen. Und die Antwort kann lauten: Der Sinn liegt in

dem, was in der einen oder anderen Konstellation gelernt werden kann. Selbstverständlich sind es ganz andere Erfahrungen, die gemacht werden in einer lebenslangen Partnerschaft und in dem Durchtragen einer Beziehung, als es diejenigen Erfahrungen sind, die man bei häufigem Partnerwechsel macht oder in einer größeren polygamen Ehegemeinschaft.
Als Rudolf Steiner gefragt wurde, was der Sinn der Ehe sei, antwortete er eher pragmatisch. Er nannte die Ehe eine soziale Einrichtung, die es möglich mache, zureichend stabile Bedingungen zu schaffen, in denen ein gesundes Aufwachsen von Kindern möglich ist. Das ist auch die Erfahrung der kinderärztlichen Praxis, dass Kinder aus stabilen Partnerschaften und Ehen gesünder sind und bessere Startbedingungen haben als Kinder aus wechselnden oder zerbrochenen Verbindungen.
Dieses Sinnvolle für das Kind darf jedoch nicht darüber hinwegtäuschen, dass eben eine Vielzahl von Zeitgenossen nicht in der Lage ist, das lebenslange Zusammenleben auszuhalten. In den Zeiten, in denen fast alle Ehen äußerlich stabil waren und gesellschaftlich aufrechterhalten wurden, ereignete sich hinter den Kulissen in der verborgenen häuslichen Situation oft ein unsägliches Elend. Demgegenüber ist es ein Fortschritt, dass in der heutigen Zeit die gesellschaftlichen Zwänge und Normen nicht mehr so stark binden, sodass die Menschen

es wagen, sich aus menschenunwürdigen sozialen und auch ehelichen Zuständen zu befreien. Es besteht ein enormer Widerspruch zwischen den Vorstellungen vom Wesen einer Ehe und deren ideellen Werten und der tatsächlich erlebten Wirklichkeit. In dieser Spannung sich zurechtzufinden und die für einen selber mögliche Sinngebung zu erarbeiten, ist eine Aufgabe. Und da bedeutet es natürlich auf der einen Seite eine echte Befreiung, die jeweilige Sinngebung selbst vorzunehmen und diese sich nicht durch gesellschaftliche Normen oder religiöse Wertsetzungen vorgeben zu lassen. Auf der anderen Seite wird dadurch die Verantwortung zum persönlich zu bestimmenden Faktor: Was brauchen die Kinder, was braucht der Partner — ist die Ehe nur meine persönliche Angelegenheit oder Bestandteil eines mehr oder weniger gefestigten Sozialgefüges? Im Folgenden seien einige Beispiele genannt, die deutlich machen können, wie unterschiedlich die Sinngebung, die Konfliktlösungsmöglichkeiten und die individuellen Lernsituationen von Partnerschaften sind:

— Die Partnerschaft auf Zeit. Beide Partner sehen keinen Sinn in der Dauerhaftigkeit und gehen eines Tages ohne größere Dramatik recht friedlich wieder auseinander. Beide wollten die Ehe nicht.

— Eine andere Beziehung. Drei Kinder, das jüngste

jetzt neunzehn Jahre alt, sind bereits aus dem Haus. Er hat mit fünfzig seit zwei Jahren eine junge, neue Beziehung. Seine Ehefrau, etwa genauso alt wie er, kann das akzeptieren und entschließt sich, auf ihn zu verzichten und allein weiterzuleben. Es gelingt ihr, mütterliche Gefühle für ihren Partner zu entwickeln, der jetzt in seinem letzten Lebensdrittel noch einmal eine völlig neue Lebensgrundlage schafft. Für sie kommt eine neue Partnerschaft nicht infrage. Sie geht wieder in den Beruf und bleibt mit ihrem Ex-Partner in freundschaftlicher Beziehung, sodass sie weiterhin über alles sie Interessierende sprechen können. Diese Partnerschaft ist aus der ehelichen Beziehung in eine freundschaftliche übergewechselt. Das, was der Beziehung Dauer verleiht, ist das gegenseitige Interesse: Er hat das Bedürfnis, ihr zu erzählen, was er macht und wie es ihm geht, und sie hat das Bedürfnis, ihm zu erzählen, was sie jetzt tut. Und es ist nichts da, was Schmerzen bereitet, weil jeder voll akzeptieren kann, dass der andere jetzt, wo keine bindenden gemeinsamen Aufgaben mehr da sind durch Kinder oder Bedürftigkeiten anderer Art, in seiner Lebensgestaltung frei sein soll.

— Eine andere Situation: sechs Kinder, er geht eine neue Beziehung ein — sie ist verzweifelt. Die Umgebung versucht in dieser Katastrophe zu lindern und zu helfen, so gut es geht.

— Kinderlose Ehe über fünfzehn Jahre. Er lernt eine junge Frau Anfang zwanzig kennen und möchte mit ihr eine neue Verbindung eingehen. Die Ehefrau möchte bei ihrem in der Kirche gegebenen Ja-Wort bleiben und fühlt die starke Bindung durch das Treue-Versprechen. Gibt es eine Möglichkeit, diese Treue auch auf andere Art zu halten? Ist dies an eine Weiterführung der Ehe gebunden?

— Der Dichter Adalbert Stifter liebte eine Frau, die er aber aus Schüchternheit nicht um die Ehe zu bitten wagte. Diese Liebe blieb zwar äußerlich unerfüllt, indem er eine andere bürgerliche Ehe einging. Aber in seinen Werken und für sein dichterisches Schaffen hatte diese unerfüllte Beziehung entscheidende Bedeutung. Die unerfüllte Sehnsucht und der Verzicht machten ihn geistig schöpferisch.

— Goethes Jugendliebe Friederike: Viel später kehrte er noch einmal an den Ort zurück, an dem er sie als junger Student kennen und lieben gelernt hatte. Er wollte sie noch einmal sehen. Sie war ehelos geblieben, denn er war nach wie vor ihre Liebesbeziehung gewesen. Er wurde von den Eltern, die beide noch lebten, auf das Herzlichste wie ein alter Freund begrüßt. Goethe schreibt über diesen Besuch an Frau von Stein und erzählt mit bewegten Worten, wie es Friederike gelungen sei, nicht mit einem

Blick, nicht mit einer Handbewegung oder Geste ihn an die vergangene Jugendliebe zu erinnern, obwohl die ganze Art, wie sie aufgetreten sei und ihn empfangen habe, den Ausdruck tiefster Freundschaft und seelischer Verbundenheit gezeigt hätte. Worin liegt nun der Sinn dieser so verschiedenen Schicksalskonstellationen und Möglichkeiten, eine Ehe zu führen oder auch zu beenden? Eine Friederike Brion konnte ihrem Leben einen neuen Sinn geben durch die Art, wie sie ihre Enttäuschung verarbeitet hat und gleichzeitig in der Lage war, die Liebe zu Goethe aufrechtzuerhalten durch ihr ganzes Leben hindurch. Eine andere Frau an ihrer Stelle wäre vielleicht aus Liebeskummer erkrankt oder wäre eine andere Beziehung eingegangen.

Eine Beziehung, die zerbricht, schafft für beide eine neue Situation. Welche Sinngebungen möglich sind, hängt davon ab, ob beide in der Lage sind, etwas aus dieser neuen Situation zu machen — oder ob es nur dem einem gelingt und der andere in seiner Entwicklung zurückfällt beziehungsweise stagniert.

Mögliche Sinngebungen

Neulich habe ich einen Ehemann gefragt, worin er denn den Sinn einer lebenslangen Partnerschaft oder Ehe sieht. Er gab folgende Gründe an:

— In der Zweierbeziehung ist die Möglichkeit gegeben, sich der eigenen Einseitigkeiten stärker bewusst zu werden. Wie vieles kann gelernt werden, im Wahrnehmen der anderen Art zu reagieren und das Leben zu bewältigen, die der Partner hat!

— In der Begegnung mit dem anderen Geschlecht beziehungsweise mit einem ganz anderen Menschen kann man sich Dinge zum Bewusstsein bringen, die ohne diese Begegnung unbewusst blieben. Insbesondere wenn man über viele Jahre zusammenbleibt, liegt darin ein Erfahrungsraum im Zwischenmenschlichen, der durch nichts ersetzt werden kann. Denn in dem täglichen Sichbegegnen werden ja nicht nur gute unbewusste Eigenschaften bewusst gemacht, sondern es kommen auch Schwächen zutage, die man vielleicht schon überwunden glaubte. So gesehen kann die Ehe als ein Ort nicht aufhörender Selbsterkenntnis und Selbsterziehung angesehen werden, der durch die vertrauensvolle Zweierbeziehung einen gewissen Schutz hat. Wie anders sind die Erlebnisse in einer häufiger wechselnden Sonntagsbeziehung, aus der man ausbricht in dem Augenblick, wo die ersten Probleme auftauchen. So gesehen kann man wechselnde Partnerschaften auch als Ausdruck dafür sehen, dass man nicht bereit ist, sich selber kennen zu lernen. Denn dann, wenn man auf unangenehme Erlebnisse stößt an sich selbst und am anderen, bricht man die Beziehung ab. Man sucht in der neuen Beziehung wieder die Selbstbestätigung für das, was man ist, und ist nicht bereit, sich zu dem zu entwickeln, was man noch nicht ist.

— Die Einehe hat der Vielehe voraus, dass man eine Persönlichkeitsqualität üben kann, die mit Kontinuität und Dauer zusammenhängt: die Ich-Qualität; die Persönlichkeitsqualität, die wir seit dem Erwachen des Selbstbewusstseins haben und als *Ich bin Ich* durch das ganze Leben hindurch bewahren. Wenn wir nun ein Leben lang oder sehr viele Jahre zu einem anderen *du* sagen und im täglichen Umgang die Entwicklung des anderen und unsere eigene erleben, dann führt das zu einer Stärkung auch dieses Persönlichkeitserlebens. Denn dies lebt in der Dauer, in der Kontinuität, in der Treue zu sich und dem anderen. Dagegen hat eine Vielehe einen viel höheren Grad an Unverbindlichkeit. Es ist auch interessant, dass da, wo sich bis heute die Vielehe gehalten hat, das Bewusstsein von der Bedeutung der Individualität noch unterentwickelt ist. Menschen aus einem solchen

Kulturraum haben es schwer zu akzeptieren, was bei uns jeder Mensch selbstverständlich beansprucht: eine Persönlichkeit mit Eigenverantwortung zu sein. Wenn beispielsweise ein Mensch aus einer Großfamilie oder einem anerkannten Stamm ein Verbrechen begeht, so fällt das auf das Familien- oder Stammeskollektiv zurück, und die ganze Gruppe ist geächtet. Da kann man sich nicht darauf berufen, dass das doch die Sache des Einzelnen ist, der das Verbrechen begangen hat, nun für die Konsequenzen einzustehen. Das Kollektivbewusstsein erweist sich als weit stärker als das Individualbewusstsein. Es ist auch häufig zu beobachten, dass da, wo ein häufiger Partnerwechsel vorgenommen wird, eine Schwäche in der Persönlichkeitsentwicklung vorliegt. Denn in den wechselnden Partnern wird nicht die Person, sondern der oder die Angehörige des anderen Geschlechtes gesucht. Die kollektiven Merkmale sind anziehender als die individuellen. Ein Mensch, der in der Lage ist, Beziehungen leicht abzubrechen, hat noch wenig Empfinden für die Wahrnehmung der Person und damit auch wenig Eigenerleben von seiner Ich-Qualität. Denn das Wesen des Ich ist auf Kontinuität und Dauer veranlagt. In allem Wandel und in aller Entwicklung erleben wir uns doch stets als eigenverantwortlich für jeden Fehler und für jedes Ereignis, durch das wir gegangen sind. Wir arbeiten an den negativen Erfahrungen, und wir freuen uns über die glücklichen Ereignisse. Wir sind bereit, uns selber und anderen zu verzeihen, weil wir die Unvollkommenheit des eigenen Selbst nur zu genau kennen und gerade in dem Durchhalten die Kraft des eigenen Ich und seiner Entwicklungsmöglichkeiten erleben. Daran kann auch deutlich werden, dass eine Dauerbeziehung nur gewinnen kann, wenn beide dieses Geheimnis der Entwicklung und des An-sich-unablässig-Arbeitens kennen. Dann kann sie nie langweilig werden oder in eine Sackgasse geraten. Denn die Weiterentwicklung bringt immer wieder neue Zeiten und Möglichkeiten mit sich.

Es ist schwierig, über diese gesamte Thematik zu sprechen, da es sich jeweils um ganz individuelle Entwicklungszustände konkreter Menschen handelt, die eben einen jeweils persönlichen Reifegrad besitzen. Und von diesem hängt es ab, wie die Frage nach dem Sinn gestellt und beantwortet wird.

Zur Bedeutung von Dauer und Wechsel in der Beziehung

Wer mit der Selbsterziehung begonnen hat, entdeckt, dass jeder Mensch, dem er begegnet, eine neue Seite in ihm aufweckt. Beispielsweise gibt es Begegnungen, wo man sich durch den anderen in seinen besten Kräften gestärkt fühlt und sich eigentlich besser benimmt, als man dies normalerweise tut. Im Zusammensein mit anderen Menschen dagegen geschieht genau das Gegenteil. Man reagiert ärgerlich oder gar aggressiv und fragt sich hinterher: Warum fahre ich denn eigentlich immer aus der Haut, wenn ich den treffe? So gesehen liegt in der Bereitschaft, immer wieder neue Beziehungen einzugehen, eigentlich — positiv genommen — das Bedürfnis vor, sich selber erst noch besser kennen zu lernen. Denn in der Begegnung mit jedem Menschen werden neue Seiten des eigenen Reaktionsvermögens und der eigenen Persönlichkeitsstruktur bewusst. Wer sich selbst noch wenig kennt, braucht eben viele Begegnungen, um überhaupt erst zu erfahren, wer er ist. In dem Augenblick aber, in dem man sich kennen gelernt hat und jetzt an einer bewussten Ausbildung und Festigung der eigenen Persönlichkeit arbeiten möchte, werden stabile Freundschaften und Beziehungen gesucht. Denn nur in der Qualität der Dauer, der Verbindlichkeit, der Verantwortlichkeit können, wie schon gesagt, die typischen Charaktereigenschaften des Ich als des Kerns der Persönlichkeit gepflegt werden. Da nun das Christentum die Religion ist, in der eine besondere Ich-Kultur gepflegt wird, liegt es in der Natur der Sache, dass eine christliche Eheschließung auf Treue, Beständigkeit, Konsequenz und Verantwortlichkeit angelegt ist. Es wird dies besonders deutlich im Johannes-Evangelium, wo sich die Ich-bin-Worte des Christus zu einer vollständigen Lehre vom Wesen der menschlichen Persönlichkeit beziehungsweise der menschlichen Ich-Natur zusammenschließen.

Geben und Nehmen im Schicksalszusammenhang

Viele Beziehungen werden da abgebrochen, wo der Partner einem das nicht mehr geben kann, was man zu brauchen meint. Eine solche Beziehung war stark auf das Empfangen, aber auch auf das Haben angelegt. Man kann jedoch auch entdecken, dass dann, wenn man vom Partner nicht mehr bekommt, was man braucht, sich neue Möglichkeiten eröffnen, dem anderen zu geben, was er gerade braucht. Denn Geben und Nehmen fallen im Leben nicht immer zusammen. Viele Tragödien im ehelichen Bereich entstehen gerade dadurch, dass in dem Augenblick, in dem der eine Partner unzufrieden wird und nicht bekommt, was er braucht, die Beziehung beendet wird, und der andere, der viel gegeben hat, mit leeren Händen dasteht. In der Hochblüte einer Beziehung fallen Geben und Nehmen immer zusammen. Das macht das Hoch-Zeitliche und Beglückend-Besondere des Aufblühens einer Beziehung aus. Dann bringt es der Wechsel der Lebensverhältnisse und der Schicksalsverlauf mit sich, dass neue Situationen eintreten und man den anderen immer wieder neu kennen lernen muss, um wirklich die Beziehung weiterpflegen zu können.

Zur Sinngebung bei abgebrochenen Beziehungen

Freude und Harmonieerleben geben Kraft und erleichtern das Leben. Schmerzen und Trennungsvorgänge rauben Kraft, aber sie bringen dafür Bewusstsein, neue Fragen und fördern so die Persönlichkeitsentwicklung in erkenntnismäßiger Hinsicht. Und dies wird besonders von Frauen immer wieder Jahre nach der Trennung übereinstimmend gesagt: Durch die Ehescheidung und all die Schmerzen, die mit der Trennung verbunden waren, bin ich eigentlich erst zu mir als zu einer selbstständigen Persönlichkeit aufgewacht, ich möchte das heute nicht mehr missen. Es gibt eben keine Katastrophe, aus der ein Mensch nicht etwas Positives für seine Entwicklung holen kann. Daher taugen auch von außen hergenommene Moralbegriffe nicht zur Beurteilung oder zur Lösung von Eheproblemen. Werden die Werte, die für das Zusammenbleiben sprechen, nicht in völliger innerer Freiheit gesucht und gefunden, so erweisen sie sich nicht als tragfähig für die Beziehung. Dann ist es ehrlicher, die Trennung vorzunehmen und jedem die Chance zu geben, sich selber neu zu finden. Hier wird bisweilen die Frage gestellt: Ja, dann kann man ja eigentlich alles machen, dann ist ja alles erlaubt, wenn man aus jeder Katastrophe etwas Sinnvolles machen kann. So richtig das auf der einen Seite ist, so sehr gilt auf der anderen

Seite auch dieses, dass jede Handlung eben Konsequenzen hat, für die der, der sie begangen hat, einstehen muss, mit denen er verbunden bleibt, ob er dies will oder nicht. Das heißt, wenn einer der Partner durch einen Treuebruch im Eheversprechen den anderen verlässt und nach Jahren erlebt, dass der andere sich von dem Schlag erholt hat und eine positive Entwicklung durchmachen konnte, so bedeutet dies nicht, dass die eigene Tat deswegen ungeschehen ist. Der Mensch gewinnt ja oder verliert in seinen charakterlichen Möglichkeiten durch die Art und Weise, wie er über sich und andere Menschen denkt, und wie er handelt. Im Falle einer Tat, die für einen anderen Menschen bedrohlich und schmerzhaft war, hat er etwas auf sich geladen, das er zu einem anderen Zeitpunkt wieder in Ordnung bringen muss, weil er dadurch an Charakter und Wert verloren hat. Dieser Gesichtspunkt wiegt umso schwerer, je deutlicher man sich einen Begriff vom Schicksal gebildet hat und von der Möglichkeit wiederholter Erdenleben und fortlaufender Schicksalsgestaltung. Dann wird deutlich, dass man sich nur auf Zeit trennen kann, dass man den Menschen wiederbegegnen wird, denen man geschadet hat, und dass man Möglichkeiten suchen wird, es eines Tages wieder gutzumachen. Ein solcher Gesichtspunkt gibt auf der einen Seite die Möglichkeit, neue Sinnperspektiven für das eigene Leben zu schaffen und auch mutig zu den eigenen Entscheidungen zu stehen. Auf der anderen Seite gibt er aber auch die Möglichkeit, viel sorgfältiger zu prüfen: Wie will ich eigentlich mit mir und anderen Menschen umgehen? Wie nimmt sich meine jetzige Lebenssituation unter dem Gesichtspunkt wiederholter Erdenleben aus? Kann ich nicht gerade in meiner Lage etwas lernen, was mich für die Zukunft frei macht dadurch, dass ich jetzt etwas durchhalte, und wie verhält es sich, wenn ich mich jetzt befreie, aber in der Zukunft unbekannte neue Bindungen auf mich lade? In der Zeit der Frage und Suche nach der Entscheidung kann vielleicht der folgende Spruch von Ch. F. Oetinger hilfreich sein:

Gott, gib mir die Gelassenheit,
die Dinge hinzunehmen,
die ich nicht ändern kann,
den Mut, die Dinge zu ändern,
die ich ändern kann,
und die Weisheit,
das eine vom anderen zu unterscheiden.

Wenn man den Sinn einer Ehe nicht unter einem geistigen Gesichtspunkt, sondern nur unter dem Gesichtspunkt des raum- und zeitgebundenen Alltags ansieht, müssen die persönlichen Wünsche beherrschend für die Sinngebung werden. Es geschieht selten, dass beispielsweise der Kinderarzt im Ehescheidungskonflikt gefragt wird: *Wir wollen uns trennen. Was würden Sie uns raten, was wir zu berücksichtigen haben, damit es die Kinder am wenigsten zu spüren bekommen?* Diese Frage ist sogar leider sehr selten. Meist geht es bei den Gesprächen um den Ehescheidungskonflikt, um die Probleme der beiden Partner, und die Kinder werden häufig sogar in diese Auseinandersetzung mit einbezogen und sind die eigentlichen Opfer dieses Konfliktes. Das *Sich-Entscheiden* vom begrenzten Standpunkt eines Erdenlebens aus birgt die Gefahr, sich selbst und die eigenen Probleme überdimensional groß zu sehen und den Blick für den Partner, die Kinder und den sozialen Umkreis zu verkleinern.

Liebe in der Ehe

Die Ehe ist eine Form einer besonders innigen menschlichen Beziehung. Daneben gibt es die Mutter-, die Geschwister-, die Lehrer/ Schüler-, die Freundes- und die Arbeitsbeziehung. Es gibt einmalige Begegnungen: Beispielsweise eine Begegnung im Zug, verbunden mit einem Gespräch, das neue Gesichtspunkte für das ganze weitere Leben eröffnet — und man trifft diesen Menschen das ganze Leben lang nicht wieder. Die Beziehung jedoch bleibt, die Dankbarkeit für die Begegnung überstrahlt das ganze weitere Leben. Was ist das für eine Beziehung? Liebe und Dankbarkeit sind geweckt, aber sie haben einen ganz anderen Charakter als die Liebe, die mit Besitzansprüchen irgendwelcher Art verbunden ist. Diese Liebe ist ein völlig freies, dankbares Schenken ohne jeden Anspruch. So ist jeder Mensch mit vielen, vielen anderen Menschen schicksalsmäßig verbunden. In bestimmten Augenblicken steht man sich nahe, in anderen rückt man sich wieder fern — die Beziehung aber geht weiter und trägt zur Persönlichkeitsentwicklung der jeweiligen Partner bei. Und so ist auch eine abgebrochene Beziehung eine Beziehung.
In früheren Jahrhunderten war das Eheleben vor allem anderen eine soziale Angelegenheit. Persönliche Liebe und Erfüllung waren nur selten gegeben.

Vielmehr bedeutete Ehe soziale Sicherheit, viele Kinder Altersversorgung. In unserem Jahrhundert ist die Ehe oder die lebenslange Partnerschaft immer mehr zu einem Ort geworden, in dem das Individuell-Menschliche in den Mittelpunkt des Interesses gerückt ist. Und so liegen auch die meisten Konflikte, die eine lebenslange Ehe oder Partnerschaft verhindern, im Nichtbewältigen dieses menschlichen Problems, das heißt des Umgangs mit sich selbst und dem anderen. Eigenliebe und Liebe zum anderen sind eben in allen Beziehungen unterschiedlich stark gemischt. So kann die Liebe zu einem Menschen in dem Augenblick verloren gehen, in dem dieser Mensch auch noch andere Menschen liebt. Die Eifersucht wird stärker als die Liebe. Diese Eifersucht ist jedoch nichts anderes als eine bestimmte Form der Eigenliebe. Denn man liebt das schöne Gefühl, der Einzige zu sein, mehr als den anderen Menschen. Man ist nicht in der Lage, das, was den anderen beglückt, mit in die Liebe zu ihm einzubeziehen. Nur durch die Eigenliebe, durch die egoistischen Forderungen des Brauchens und Haben-Wollens können die Probleme des Macht-über-den-anderen-ausüben-Wollens oder Mit-ihm-Spielens und Nicht-ganz-ernst-Nehmens zustande kommen. Aber diese egoistischen Forderungen sind eben möglich, da jeder einen individuellen Leib besitzt, der uns das Bewusstsein von uns selbst und unseren eigenen Bedürfnissen

vermittelt. Daher fällt es so schwer, die Botschaft, aber auch das Geschenk, das durch jede menschliche Begegnung und Beziehung gegeben ist, ungetrübt aufzunehmen. Man vergleicht, man will behalten, man hat keine Geduld, und so kann sich auch keine Dankbarkeit für das entwickeln, was man hat genießen dürfen, und durch diese Dankbarkeit auch keine Kraft gesammelt werden, um schwierige Lebenssituationen auszuhalten und durchzuhalten.
Wer Goethes Leben daraufhin studiert, welche Metamorphosen die Liebefähigkeit in seinen Begegnungen, in seinen Dichtungen, ja in seinem ganzen Wesen durchgemacht hat, der wird auch hier ganz neu auf die Frage nach der Bedeutung der Liebe in der Ehe und in der menschlichen Beziehung stoßen. Das Haben-Wollen und das Brauchen ist eben nur ein Aspekt der Liebe. Er ist jedoch der am meisten belastete und konfliktreichste. Alle anderen Aspekte haben mehr mit einem Geben, einem Schenken, einem Stützen und Tragen des anderen zu tun. Mit welcher Dankbarkeit blickte Goethe auf die verschiedenen Lebensbegegnungen in seinen verschiedenen Lebensaltern zurück! Wie kann er beschreiben, was er den Menschen verdankt, denen er da begegnen durfte! Gerade an seinem Leben kann man lernen, wie jedes Lebensalter ihn empfänglich macht für bestimmte Menschenbegegnungen und wie er dadurch neue Entwicklungsmöglichkeiten bekommt.

Goethes gesamtes Werk kann als Ausdruck verarbeiteter Schicksalsbeziehungen aufgefasst werden. Betrachtet man das Ganze jedoch unter dem Gesichtspunkt des Haben-Wollens, so wird deutlich, dass diese ganze Biografie, dieser Lern-Prozess, das dichterische Schaffen nicht möglich gewesen wäre, wenn man ihm *verboten* hätte, diesen oder jenen Menschen zu treffen, sich mit diesem oder jenem Menschen zu befreunden. Daran kann deutlich werden, wie unmenschlich und anmaßend ein solcher Totalitätsanspruch an eine menschliche Beziehung ist. Daher wird er auch immer weniger verkraftet. Wo daran gearbeitet wird, anzuerkennen, dass ein anderer Mensch dem eigenen Partner in einer bestimmten Situation etwas geben kann, was jetzt für seine Entwicklung wichtig ist und was man selber ihm nicht geben kann, wird eine seelische Haltung entwickelt, die in der Lage ist, vielen möglichen Konflikten die Schärfe zu nehmen und ein wahres und offenes Klima der Zweierbeziehung zu erhalten.

Fragen zum Thema

Frage: *Sie haben das Thema mehr vom geistigen Gesichtspunkt aus betrachtet. Ich sehe die Probleme mehr im seelischen Bereich, wenn ich mir überlege, wie viel unerfüllt bleibt in einer Ehe und wie oft man sozusagen seelisch auf dem Zahnfleisch geht.*
Antwort: Dieses Seelisch-auf-dem-Zahnfleisch-Gehen hängt, wie Sie ja selber sagen, mit den vielen unerfüllten Wünschen und Erwartungen an die Ehe zusammen. Denn wären diese Sehnsüchte und Wünsche und auch Besitzansprüche nicht da, so könnte man seelisch nicht in die Verfassung kommen, vom anderen zu erwarten, was er nicht geben kann. Gerade der seelische Stress kann am besten dadurch abgebaut werden, dass man sich im wahrsten Sinne des Wortes enttäuscht. Dass man anfängt, sich an das zu halten, was real möglich und gegeben ist, und sich für den anderen und seine Entwicklungsmöglichkeiten realistisch zu interessieren. Jede Krise drängt, wenn sie ihren Höhepunkt erreicht hat, nach einer Entscheidung. Diese kann nach außen hin dadurch gefällt werden, dass die Trennung oder die erneute Verbindung unter anderen Voraussetzungen angestrebt wird. Sie kann aber auch nach innen gefällt werden, indem man sich vornimmt, sein Verhältnis zum Partner grundlegend zu ändern. Oft ist zu erleben, dass durch dieses innere Sich-Verändern

auch die Beziehung zum Partner sich schlagartig ändert und er mit einem Mal Möglichkeiten und Seiten zeigt, die man bisher an ihm nicht beobachtet hat.

Frage: *Gibt es Unterschiede bei Männern und Frauen in Bezug auf die Persönlichkeitsentwicklung und in Bezug auf das Alter? Sie erwähnten, dass es zu gewissen Zeiten sogar gut sein kann, wechselnde Beziehungen einzugehen. Vielleicht ist dies eher in jüngeren Jahren angebracht, wenn die Persönlichkeitsentwicklung noch im Aufbau ist. Aber wie ist es später? Gibt es da eine Altersgrenze?*
Antwort: Frauen haben in der Regel eine größere seelische Trag- und Leidensfähigkeit, wohingegen Männer das Aushaltevermögen mehr im Physischen haben. Im seelischen Bereich sind sie oft weniger belastbar. Daher sind sie entweder geneigt, keine Entscheidung zu fällen, oder arbeiten auf eine rasche und radikale Entscheidung hin. Meiner Erfahrung nach hängt es fast immer von der Frau ab, ob sie die Beziehung aufrechterhalten will, wenn beispielsweise ein Dreierverhältnis entstanden ist. Und wenn sie es wirklich will, ist es für ihn fast unmöglich, sich so zu benehmen, dass sie aufgibt. Die Frau hat jedoch nicht nur eine größere seelische Belastbarkeit, sondern hat es auch leichter, in schwierigen Situationen die Entwicklungsmöglichkeiten herauszufinden. Sie

braucht jedoch ein Motiv, um ihren Entschluss fassen zu können.
Eine eindeutige Altersgrenze konnte ich bisher nicht entdecken, da im zwischenmenschlichen Bereich außerordentlich vielfältige und individuelle Lebensmöglichkeiten verwirklicht werden. Es ist sogar häufig so, dass in der Jugend und im frühen Erwachsenenalter eine lange stabile Partnerschaft gelingt und die Sehnsucht nach einem Wechsel erst später auftaucht. Es hängt dies eben ganz mit den jeweiligen individuellen Entwicklungsbedürfnissen der Partner zusammen, die es zu erkennen und zu respektieren gilt.

Frage: *Wie kann man es lernen, das eigene Misstrauen bei Kontakten des Partners mit anderen Menschen zu überwinden? Wie lernt man, auf's »Haben-Wollen« zu verzichten?*
Antwort: In dem Misstrauen ist natürlich auch die Angst vor dem Alleinsein verborgen, die Angst, vom anderen irgendwie getrennt zu werden, sein Vertrauen zu verlieren. Da hilft nur die offene Aussprache. Der menschliche Geist und die Seele brauchen zu ihrer Entwicklung den Reichtum und die Vielfalt der Dinge und auch den Wechsel der Lebensverhältnisse. Alles, was jedoch mit dem Leib zusammenhängt und mit den seelischen Regungen, die mit ihm verbunden sind, braucht das Selbstbezogene,

Einfache, Stabile. Da die Seele zwischen Leib und Geist vermittelt, hat sie einen Teil ihres Lebens in den Bedürfnissen des Leibes, womit die Besitzansprüche und das Auf-sich-Beziehen und Haben-Wollen verbunden sind. Einen anderen Bereich hat sie durch die Verbindung mit dem geistigen Leben, zu dem die Vielfalt der Interessen und das Streben nach dem Welt-Umspannenden gehören: Damit ist naturgemäß ein Spannungszustand vorgegeben, in dem man sich immer wieder neu orientieren muss. Ein Verzicht kann eigentlich nur durch Einsicht in die Notwendigkeit oder in das Sinnvolle einer bestimmten Situation oder Maßnahme geleistet werden. Nur dann kann er seelisch verkraftet werden und zur Stärkung der Persönlichkeit führen. Jeder unfreiwillige Verzicht, der letztlich eben nicht auf Einsicht beruht, führt früher oder später in Verkrampfungen hinein, die an den körperlichen und seelischen Kräften zehren. Eines ist mir jedoch immer wieder begegnet: Je stabiler eine Zweierbeziehung ist, desto freier können beide im Eingehen der unterschiedlichsten anderen Beziehungen sein. Und diese anderen Beziehungen und ihre Ergebnisse bereichern dann das Leben in der festen Partnerschaft, anstatt es zu unterminieren.

Frage: *Warum werden — insofern man den Statistiken Glauben schenkt — die meisten Ehen in der Lebensmitte geschieden?*

Antwort: Unter Lebensmitte verstehen wir das Alter zwischen 35 und etwa 55 Jahren. Warum in dieser Zeit geradezu typischerweise Ehescheidungen stattfinden, kann im Zusammenhang mit folgender biografischer Gesetzmäßigkeit gesehen werden:

In den ersten zwanzig Jahren steht die körperliche Entwicklung im Vordergrund bis zum Ausgewachsensein und Mündigwerden. In den folgenden zwanzig Jahren findet ein ähnlicher Reifungsprozess für das seelische Leben statt. In Schwaben gibt es den Ausspruch: Mit vierzig Jahren wird der Mensch gescheit. Das entspricht dieser Tatsache, dass man in diesem Alter mehr und mehr empfindet, dass man seelisch belastbarer und unangreifbarer geworden ist als in früheren Jahren und dass eine gewisse Beruhigung und Ausreifung des seelischen Lebens stattgefunden hat. Damit eröffnet sich nun die Möglichkeit, die geistige Entwicklung in anderer Weise in die Hand zu nehmen als vorher. Eine größere Objektivität, die Möglichkeit, verzichten zu können auf eigene Intentionen und Wünsche, das interessevolle Mitleben-Können mit den Problemen anderer Menschen, der Weitblick — kurz, die Möglichkeit, Altersweisheit zu entwickeln — geben diesem letzten Lebensdrittel ein neues Gepräge gegenüber den vorangegangenen Etappen. Und da beginnt die Krise. Wer nämlich seelisch diesen Reifungsprozess nicht vollendet, hat größere Mühe, in das geistige Erfahrungsfeld und die Möglichkeiten der geistigen Entwicklung einzutreten. Und die Menschen empfinden deutlich, dass in diesem Alter etwas Neues beginnen muss. Kann dieses nicht im Innern gefunden werden, so sucht man den Neubeginn auf der seelischen oder körperlichen Ebene. Das ist die klassische Situation der neuen Beziehung, der neuen Ehe, des neuen Frühlings, des Neuanfangs — alles noch einmal erleben, aber jetzt viel bewusster, viel innerlicher. Es wird als die ganz große Erfüllung erlebt. Die frühere Beziehung erscheint, gemessen an der neuen, kindlich-naiv und nicht vergleichbar mit dem jetzigen Erleben, dem die Fülle und Reife des fortgeschrittenen Alters zur Verfügung steht.

Gelingt es jedoch, diesen Neubeginn im Inneren zu vollziehen, so werden die auch hier oft eintretenden neuen Beziehungen anders in das bisherige Leben integriert. Möglicherweise wird die neue Begegnung sogar zur entscheidenden Hilfe für den inneren geistigen Aufschwung. Dann gelingt es, auch diese neue Entwicklungsetappe in Verbindung zu bringen mit den bereits eingegangenen Schicksalsbeziehungen und Verpflichtungen. Diese können fruchtbar weiter geführt werden.

Es ist dies eine Gesetzmäßigkeit, die bei dem einen

früher, bei dem anderen später kommt, die jedoch jeder Mensch auf seine Weise durchmacht, weil hier tatsächlich ein Neuanfang fällig ist. Was mit der leiblichen Mündigkeit Anfang der zwanziger Jahre erst halbbewusst deutlich wird, dass man jetzt die Möglichkeit hat, seine Schritte selber zu lenken, das geschieht in diesem Alter noch einmal in viel größerer Bewusstseinsklarheit. Daher hört man auch so oft Aussprüche wie die: Ich brauche das für meine Entwicklung. Es wird die Notwendigkeit erlebt, die geistige Entwicklung neu in die Hand zu nehmen. Wird das nun auf der seelisch-geistigen Ebene nicht möglich, so tritt der Ersatz ein, und der Neuanfang wird auf der physischen Ebene gesucht. Daran ist auch gar nichts auszusetzen, wenn der soziale Umkreis so ist, dass er diesen Neubeginn im beruflichen oder familiären Bereich positiv begleiten und mittragen kann und wenn dies unter Berücksichtigung auch der Bedürfnisse und Wünsche der anderen geschieht. Ist dies jedoch nicht der Fall, so liegt in diesem Neubeginn die Quelle vielfältiger Tragödien.

Frage: *Wenn man den Entschluss gefasst hat, bei einer Beziehung zu bleiben, aber dann entdeckt, wie viel Kraft man dabei vergeudet — ist das denn dann noch sinnvoll?*

Antwort: Der Krafteinsatz lohnt sich immer, wenn man ihn anspruchslos leisten kann. Wenn Sie mit

Ihrem Krafteinsatz jedoch bestimmte Erwartungen auf Erfolg verbinden, so sind Rückschläge zu erwarten. Denn dieses Erwarten eines Erfolges, der nicht eintritt, raubt einem sehr viel Kraft infolge der Enttäuschungen und führt dadurch in das Erlebnis sinnloser Kraftvergeudung hinein. Wenn Sie jedoch einen Krafteinsatz leisten, weil Sie für sich einen Sinn darin sehen, oder wegen Ihres Kindes, oder wegen Ihres eigenen Versprechens, ohne dass der andere einer Erfolgskontrolle unterliegt, so lohnt sich der Krafteinsatz immer. Viele Beziehungen leiden daran, dass der eine vom anderen etwas erwartet, was der andere nicht geben kann und auch nie geben wollte. Man hat sich ineinander getäuscht. In einer solchen Situation kann man sich vornehmen: Ich möchte den anderen, den ich geheiratet habe (z.B. vor zehn Jahren) jetzt wirklich lieben lernen, so wie er ist. Ich will ihn kennen lernen. Einmal hörte ich bei einer Trauung den Beginn der Predigt mit einigem Erstaunen: Es wurde Christian Morgenstern zitiert und gesagt: *Die zur Wahrheit wandern, wandern allein*, und der Priester schloss die Frage an: *Warum heiraten Sie?* Am Ende der Predigt stand dann der Ausblick darauf, dass die Wahrheit, die man selber in Einsamkeit suchen muss, auch die Wahrheit des noch weithin unbekannten Wesens, das man da heiratet, beinhaltet. Wenn einem der andere Mensch selbst zur Frage wird, zu einem

Gegenstand der Wahrheits- und Erkenntnissuche, und man in seinem persönlichen Ringen um Wahrheit auch den anderen immer besser versteht, so kann man jede Beziehung ein Leben lang außerordentlich positiv sehen und dann ist eine solche Beziehung auch größten Belastungen gewachsen.

Frage: *Kann man das sagen, wenn Paare sich trennen und Kinder da sind, dass auch das im Schicksal der Kinder liegt, die sich eben diese schwierige Situation gewählt haben?*

Antwort: Mir kommen Äußerungen wie diese von Menschen, die anfangen, mit dem Schicksalsgedanken umzugehen, recht anmaßend vor. Sie hängen jedoch mit dem Nichtwissen zusammen. Sie kommen dadurch zustande, dass man für sein Handeln instinktiv eine Erklärung sucht, bei der man selber nicht so schlecht wegkommt. Man versucht sich seiner Verantwortung zu entledigen, indem man bei der Trennung einer Ehe sagt: Das haben sich die Kinder eben so herausgesucht, dass sie jetzt diese schwierige Situation durchmachen müssen. Selbstverständlich ist in jeder menschlichen Beziehung die Möglichkeit der Kontinuität und die Möglichkeit der Krise und des Abbruchs enthalten. Diese Möglichkeiten sind jedoch niemals so vorgegeben, dass der Mensch automatisch einer inneren Notwendigkeit folgen muss. Vielmehr kann auf das Abwägen dieser Möglichkeiten eine freie Entscheidung folgen. Kinder sind zur Zeit des Konfliktes nicht in der Lage, zu entscheiden, sie sind ihm ausgeliefert. Das kann unmittelbar gesehen werden und ist deshalb maßgeblich, nicht eine Spekulation über früheres *Aussuchen.*

Frage: *Ist nicht der Anspruch an die eine Partnerschaft überfrachtet, wenn man sämtliche Bedürfnisse von Geist, Seele und Körper in dieser Partnerschaft befriedigt sehen will?*

Antwort: Meines Erachtens liegt in diesem Anspruch oder in diesem Wunsch bereits eine Verkennung realer Lebensverhältnisse. Denn es scheint mir nicht real, dasjenige, was man für seinen Leib, für seine Seele und für seinen Geist braucht, von *einem* Menschen haben zu wollen. Von jedem Menschen hat man etwas für seinen Geist, für seine Seele und oft auch für seinen Leib (wenn beispielsweise einer einem etwas einkauft oder die Wohnung putzt). Dieser Totalitätsanspruch an die eine Beziehung entspringt dem Bedürfnis nach Ausschließlichkeit, das nur auf der leiblichen Ebene eine Existenzberechtigung hat. Denn nur bei dem eigenen Leib kann man sagen: *Da, wo ich stehe, steht im selben Moment kein anderer.* Da herrscht immer die Ausschließlichkeit. Schon im Seelischen ist es so, dass man es immer mit Durchdringungsphänomenen zu tun hat.

Seelisch sind wir nicht annähernd so abgegrenzt wie leiblich. Das Interessante ist nur, dass das menschliche Vorstellungsleben heute sehr stark an dem Leib und seinen Bedürfnissen und damit an der Ausschließlichkeit orientiert ist. Es entspricht dies dem Charakterzug eines materialistischen Zeitalters. Wenn das, was für den Leib gilt, nämlich das Phänomen der Ausschließlichkeit und des Habens oder Nichthabens, in das Seelische und Geistige projiziert wird, dann führt das früher oder später zu Problemen, denn letztlich hält das kein Mensch aus. Eine tiefe Wahrheit liegt jedoch in dem Phänomen der leiblichen Ausschließlichkeit. Denn auf der leiblichen Ebene, wo ein Maximum an Haben-Wollen und an Egoismus berechtigt ist, ist es sinnvoll, auf andere sexuelle Verhältnisse Verzicht zu leisten und die Einmaligkeit und Ausschließlichkeit zu bejahen. Wenn dasjenige, was für den seelischen und geistigen Bereich richtig ist: Vielfalt, Freiheit, Offenheit, Reichtum, Durchdringung und unendliches Sich-Beschenken — wenn das auf die leibliche Ebene übertragen wird, so treten Unsicherheit, Misstrauen und Chaos ein. Mit dieser leiblich-geistigen Verschiedenheit des Menschen hängen Größe und Elend dieser ganzen Fragestellung zusammen.

Zusatzfrage: *Hängt damit auch das Problem der Treue zusammen?*

Antwort: Meines Erachtens ja. Im Hintergrund dieser Problematik steht die Tatsache, dass der Mensch ein Doppelwesen ist. Er hat eine egoistische, habenwollende Natur — all das, was sich auf den Leib und seine biologische Einmaligkeit und Ausschließlichkeit gründet. Wird dieses Erleben der Einmaligkeit zu stark in das Seelische und Geistige hineinprojiziert, so entstehen Besitzansprüche und Machtansprüche sowie all die Neid- und Hasskonflikte und Verkrampfungen auf seelischem Gebiet. Wird hingegen diese Grenze zwischen leiblichem und geistigem Erleben geachtet, so können sich moralische Qualitäten wie die der Treue entwickeln und das ganze Seelenleben mit ihrer Kraft durchstrahlen. Dann wird das, was auf der leiblichen Ebene an Egoismus berechtigterweise sich darlebt, dadurch kultiviert, dass man hier bewusst den Verzicht auf die Vielfalt leistet und seine seelischen Bedürfnisse nicht in den Leib hineinprojiziert. Dafür entsteht dann für das seelische und geistige Leben Freiheit für sich und für den anderen — und Vertrauen.

Die Ehe als Aufgabe in persönlicher und sozialer Hinsicht

Es gibt Entschlüsse, die wie Götterworte, Gebot und Erfüllung zugleich sind.

Diotima

Wer den Sinn einer lebenslangen Ehe und Partnerschaft nicht anzweifelt und sich dennoch immer wieder vor gravierende Probleme gestellt sieht, beginnt mit der Frage zu leben: Welche Aufgaben stellen sich, wenn man bemüht ist, die begonnene Ehe sinnvoll fortzusetzen und in persönlicher und sozialer Hinsicht befriedigend zu gestalten?

Zum Begriff der Ehe

Schon der Begriff: *eine Ehe führen* zeigt, dass das mit der Ehe keine selbstverständliche Angelegenheit ist. Man muss sie *führen*, von selber erhält sie sich nicht. Dabei gibt es verschiedene Ebenen, auf denen sich die Führung ereignet. Leibliche, seelische und geistige Bedürfnisse bedürfen der Pflege, und auf all diesen Ebenen gibt es die Ehe. Es gibt Menschen, für die das körperliche Zusammenleben das Wesentlichste bei der Eheführung darstellt. Für andere ist es unter Umständen so, dass sie sich nach der gefühlsmäßigen Harmonie, nach Geborgenheit, Sicherheit, Vertrauen sehnen — nach seelischer Erfüllung also. Es gibt aber auch Menschen, denen es genügt, geistig in einer stabilen Ehegemeinschaft zu leben. Die seelische und leibliche Ebene ist für sie nicht so wichtig. So sind die Erwartungen, die an das Eheleben gestellt werden, sehr unterschiedlich. Bei der mehr auf der geistigen Ebene angesiedelten Ehe stehen das Denken, das Gespräch, die gemeinsamen Interessen und Ideale ganz im Vordergrund. Bei der mehr auf seelischer Ebene gepflegten Ehe steht das Gefühlsleben und das mit ihm verbundene Harmoniebedürfnis obenan. Und da, wo die Pflege der körperlichen Beziehung zentrales Thema des Ehelebens ist, herrscht die an den Leib gebundene Form der gegenseitigen Hingabe vor.

Manchmal heißt es auch: *Ja, am Anfang, als das Körperliche noch ganz im Vordergrund stand, da ging es uns gut. Aber dann lebten wir uns irgendwie auseinander. Und nun ist das Problem da: Wie wird man damit fertig, wie findet man wieder zueinander, wie lernt man eine befriedigende Ehe zu führen?* Damit ist auch gesagt, dass eine wirkliche Ehe alle drei Bereiche je nach Lebenszeit und Bedürfnis gewichtet.

Der Leib ist in seiner Art vollkommener ausgebildet als Seele und Geist. Ist er ausgewachsen, so stehen dem Gesunden alle Funktionen zur Verfügung. Seelisch und geistig sind wir hingegen stets unvollkommen, immer in Entwicklung und auf verschiedenen Stufen tätig. Daher hat auch der leibliche Vollzug der Ehe eine ganz besondere Qualität durch die naturgegebene Möglichkeit des vollständigen Gebens und Empfangens. Auf seelischem und geistigem Gebiet hingegen muss die Ehefähigkeit erst errungen werden. Sie ist nicht naturgegeben da, sie bedarf der Erarbeitung und der bewussten Fortsetzung.
Es gibt Menschen, die empfinden instinktiv: Wenn ich mich zu früh auf der leiblichen Ebene verheirate oder mich damit begnüge, dann versäume ich, etwas für die eheliche Beziehung auf dem seelischen und geistigen Gebiet zu tun. Dann leben wir immer in einer Scheinharmonie, die zwar von der Natur gegeben, jedoch nicht persönlich erarbeitet und seelisch und geistig errungen ist. Diese Menschen suchen dann zunächst danach, im Seelischen und Geistigen miteinander in bewusster Weise die Ehe zu schließen und verzichten längere Zeit auf die leibliche Eheschließung.
Die Problematik der Eheführung und dasjenige, was die Ehe zur Aufgabe macht, hängt mit den unterschiedlichen Bedürfnissen und Reifezuständen des Menschen in leiblicher, seelischer und geistiger Hinsicht zusammen. Wenn jemand beispielsweise auf

seelischem oder geistigem Gebiet die entsprechenden Bedürfnisse nicht hat, so kann man ihm nicht sagen, dass er diese eigentlich haben sollte. Gerade die vom anderen als Zumutung empfundenen Ansprüche sind es ja, die viele Ehen behindern.

Die Ehe als Ideal genommen repräsentiert einen vollkommenen Daseinszustand: Geben und Empfangen, Harmonie, Vertrauen, Dankbarkeit und Liebe. So gesehen erscheint die Ehe als Zustand vollkommener Einswerdung: geistig im Verstehen, sodass man wirklich im anderen darinnen ist, dass man wissen darf, was in ihm vorgeht und so sein Wesen immer besser erkennen lernt; seelisch in vollkommener Harmonie und innerer Übereinstimmung und leiblich im Einssein mit der Möglichkeit, sich dadurch einem Neuen gegenüber zu öffnen, sodass etwas Einmaliges geboren werden kann.

Blickt man daraufhin, wie dieser Zustand der Ehe in der Literatur und Geistesgeschichte betrachtet wird, so fällt auf, dass die Ehe als Begriff besonders in den religiösen und mystischen Schriften auftaucht. Sie wird dort zum Realsymbol für die Vereinigung des Menschen mit Gott, das heißt für einen höchsten geistigen Erkenntniszustand. Der Begriff der mystischen und chymischen Hochzeit taucht auf. Es ist dies der Erkenntniszustand der völligen Einswerdung mit dem Erkannten: Die Intuition.

An diesem Ideal gemessen, kann die Ehe als Vorahnung für die höchste dem Menschen mögliche Erkenntnis angesehen werden. Und es wird deutlich, dass die Ehe so gesehen eine Zukunftsaufgabe hat: Sie lehrt uns die Wesenserkenntnis und bringt uns damit auch der geistigen Welt und Gott näher. Wo sie jedoch nicht gelingt, kann eine Gottverlassenheit und Verzweiflung erlebt werden, wie nirgendwo sonst. *Wo Streit ist, zieht sich die geistige Welt zurück.* Dieser Ausspruch Rudolf Steiners wird in seiner Wahrheit erlebt.

Vom Egoismusproblem in der Ehe

Alles Menschliche kann nur im Umgang mit Menschen entwickelt werden. Das heißt, zwischen unserem Selbst und der Umwelt liegt der Raum für die Entwicklung. Manche Menschen können das Hereingestelltsein in den dadurch gegebenen Spannungszustand genau beschreiben. Sie sagen beispielsweise: Ich brauche das für mich, obwohl ich weiß, dass es den Interessen meiner Umgebung zuwiderläuft. Oder: Hier habe ich meine persönlichen Wünsche einmal ganz zurückgestellt zugunsten der Notwendigkeiten meiner Umgebung. Andere fühlen sich uneins und irgendwie gespalten. Sie erleben das Egoismusproblem, wie es objektiv in jedem menschlichen Leben auftritt. Biografisch gestaltet sich dieses Spannungsverhältnis zwischen Selbst und Welt meist so, dass in der ersten Hälfte des Lebens die persönlichen Wünsche und Bedürfnisse im Vordergrund stehen, während es in der zweiten Lebenshälfte mehr und mehr gelingt, sich den Erfordernissen der Umgebung zur Verfügung zu stellen und die persönliche Weiterentwicklung gerade durch diese Hingabe an die Umgebung zu vollziehen. Dadurch werden andere menschliche Qualitäten geweckt als durch das Verwirklichen der primär persönlichen Erwartungen und Wünsche. So entwickelt sich alles Menschliche mit der Welt, zwischen den Menschen, an den Dingen. Es gibt nichts, was wir nur ganz aus uns heraus lernen könnten. Selbst dann, wenn wir einen genialen Einfall haben, haben wir ihn aufgrund bestimmter Erfahrungen, aufgrund bestimmter Gespräche plötzlich bekommen. Die Ehe ist etwas, das von vornherein deutlich macht: Hier geht es nicht nur um den einen, hier geht es nicht nur um den anderen — hier geht es um die Gestaltung der Entwicklungsmöglichkeit für beide.

Sinnvoll ist die Ehe, die in diesem Sinne fruchtbar ist. Wird der eine oder andere in seiner Entwicklung anhaltend behindert, so ist der Sinn der Ehe infrage gestellt. Denn diese ist nicht nur leiblich, sondern auch seelisch und geistig auf Fruchtbarkeit hin veranlagt.

Solange man aneinander, miteinander und füreinander lernen kann, ist diese immer gegeben. Auch wenn die Ehe dazu dient, anderen Menschen Entwicklungsmöglichkeiten und Hilfen zu geben: Kindern, Kranken, Ratsuchenden. Die Lebensgemeinschaft, die Ehe als Zelle sozialer Gestaltungen, geht oft weit über die Wünsche und Interessen der Partner hinaus — manchmal auch daran vorbei. Dennoch zeigt sie sich als wertvoll — für andere.

Fördernde und hemmende Faktoren im Eheleben

Auf leiblicher Ebene wird die Ehe erleichtert durch die natürliche Anziehung der Geschlechter, auf seelischer Ebene durch gemeinsame Tätigkeiten und das Erleben der damit verbundenen Übereinstimmung. Auf geistiger Ebene sind es gemeinsam erlebte Erinnerungen oder Zukunftsideale, die etwas dauerhaft Verbindendes darstellen, an die man sich in schwierigen Situationen halten kann. Zusammengefasst heißt dies: Die Eheführung wird erleichtert durch jede Form von Gemeinsamkeit. So lautet auch eine der ersten Fragen in einer Eheberatung; Haben sie noch irgendwelche Gemeinsamkeiten? Denn solange es die noch gibt, hat man einen Ansatzpunkt, von dem aus man dann weitergehen kann. Es können dies die Kinder sein oder der Kauf eines Hauses oder die noch zu bezahlenden Rechnungen. Manchmal sind es aber auch bestimmte Ideale, die für beide wichtig sind, wie zum Beispiel die Treue oder der Friede. Ist jedoch die Gemeinsamkeit auf allen Ebenen geschwunden, so ist es schwierig, noch einen Weg zur Stabilisierung und Wiederbegründung der Ehe zu finden.

Wodurch geht das Erleben von Gemeinsamkeit zurück? Welche Faktoren können es untergraben oder zerstören? Da stehen an erster Stelle die persönlichen Wünsche und Ansprüche und Erwartungen an den Partner. Erwartungen, denen der andere nicht entsprechen kann, trüben den Blick für die tatsächlich noch vorhandenen Gemeinsamkeiten und bewirken Unzufriedenheit. Wenn dann der Partner sagt: *Du, ich glaube, das ist nur dein Problem* — so ist man verletzt.

Andere Probleme in diesem Zusammenhang kommen daher, dass beide Partner versuchen, den Erwartungen des anderen zu entsprechen. Dadurch kann eine mehr oder weniger starke Verunsicherung entstehen, die dann ihrerseits wieder zu Zweifeln an sich selbst oder am anderen führt. Hat man es ihm recht gemacht? Wollte er vielleicht doch etwas anderes? Warum merkt er nicht, wie sehr ich mich bemühe und meine eigenen Wünsche zurückstelle?

Ein anderer Problemkreis betrifft die Illusionen. Sie sind oft mit den persönlichen Wünschen und den auf den Partner projizierten Erwartungen verbunden und beziehen sich auf das Bild, das man sich von dem idealen Eheleben gemacht hat. Sind die (Ehe)-Wertvorstellungen nicht realistisch, so führen sie früher oder später zu Unzufriedenheit, die man meist in den Partner projiziert, indem man ihm vorwirft, dass er daran schuld ist, dass das Eheleben sich nicht so verwirklichen lässt, wie man das gerne hätte. Hier hilft nur eins: Der Wille zur Ent-Täuschung und das Besinnen auf die Gemeinsamkeiten, die real vorhanden sind.

Ein anderer Störfaktor der ehelichen Beziehung ist jede Form von Macht- und Besitzanspruch an den anderen. Alles, was schön ist, wollen wir wie Kinder gerne haben und nicht mehr hergeben. Und wenn die *Kinder* nicht erwachsen werden, so führt dies eben in eheliche Konfliktsituationen hinein. Rudolf Steiner hat einmal auf die Frage, warum das mit den Ehen immer schwieriger wird, geantwortet, dass dies eine Frage der Erziehung sei. Wer nicht zur Verträglichkeit erzogen würde, hätte es eben mit der Eheführung schwer. Jede Form von Eifersucht oder Neid kann nur da gedeihen, wo Macht- und Besitzansprüche vorhanden sind. Sie verlieren an Boden, wo man sich dessen bewusst wird und diese abbaut. Machtansprüche und Illusionen sind die Hauptfeinde jedes Ehelebens und zerstören unter Umständen auch den letzten Rest der ursprünglich noch vorhanden gewesenen Gemeinsamkeit. Und es ist dies tatsächlich ein Erziehungsproblem, wie man lernt, mit Illusionen und Besitz- und Machtansprüchen umzugehen. Die Frage ist: Wie lernt man, sich im Spannungsfeld dieser beiden Gefahren menschlich zu entwickeln, ohne einem dieser Bereiche zu verfallen? Seitdem Menschen ehelich zusammenleben, hat die Ehe immer ihre Einbindung in das religiöse Leben der Menschen gehabt. Ihre Schließung war mit sakralen Handlungen verbunden, weil man wusste, dass die menschliche Gemeinschaft, das

Gemeinsame unter Menschen, eigentlich das heiligste und höchste Gut ist. Im Christentum kommt dies dadurch zum Ausdruck, dass Christus sagt: *Wo zwei in meinem Namen zusammen sind, da bin ich mitten unter ihnen.* Dieses Ideal, sich im Zusammengehen in einen neuen Wesens- und Daseinsbereich erhoben zu fühlen, ist es auch, das viele Paare dazu führt, sich kirchlich trauen zulassen. In jedem der Traurituale findet man in besonderer Weise das Persönliche mit dem Sozialen der Ehe verbunden. Im Trauritual der Christengemeinschaft kommt dies dadurch zum Ausdruck, dass vom Lebensglück der beiden Partner gesprochen wird und auf der anderen Seite von der ganzen Menschheit Heil und Glück. Kann dieses von den Partnern ernst genommen werden, so wird die Ehe nicht nur als Ort der persönlichen und partnerschaftlichen Lebensverwirklichung angesehen, sondern auch als ein Weg, einen Beitrag zu leisten zum Wohl der Menschheit. Und damit hängt der soziale Aspekt der Ehe zusammen. Man kann ja zunächst auch ganz bescheiden sein und sagen: Die ganze Menschheit ist mir noch zu viel, stellvertretend nehme ich erst einmal meinen persönlichen Schicksalsumkreis ernst. Wer dies tut, merkt, welche Aufgaben sogleich vorliegen. Jeder Eheschluss ist ein soziales Zusammenführen von zwei Familien und zwei Freundeskreisen. Hinzu kommen noch die eigenen Kinder und die Menschen, zu denen die Kinder wiederum als Klassenkameraden oder Lehrer in Beziehung treten. Bei diesen immer neu hinzutretenden anderen Menschen, die an dem Schicksalsumkreis der eigenen Ehe und Familie Anteil haben, kann bewusst werden, dass hier Anforderungen an die Entwicklung der Liebefähigkeit gestellt werden.

Eine Mutter, die ihre drei Kinder von Herzen liebt, wird nie eines vorziehen. Sie wird jedes Kind individuell lieben, denn von jedem Kind kommt ja etwas ganz anderes zurück, um dessentwillen sie es lieben kann. Gerade dadurch, dass wir Menschen alle voneinander verschieden sind, sind wir in der Lage, jeden Einzelnen ungeteilt um seiner selbst willen zu lieben. Sobald sich Vergleiche einstellen und ein Messen von lieb oder weniger lieb, treten Probleme auf. Hier liegt auch der Schlüssel für den Umgang mit neu hinzukommenden Freunden oder Freundinnen der beiden Partner. In dem Maße, wie es gelingt, eine sachliche, interessevolle menschliche Beziehung zu dem Neuling aufzubauen, lässt sie sich leichter in das bisherige Familienleben integrieren. Wo dies hingegen nicht gelingt, wo Ablehnung, Eifersucht und Misstrauen auftreten und auch Minderwertigkeitskomplexe und Vergleiche, wird durch den dadurch herbeigeführten Ausschluss aus dem Familienleben die neue Beziehung belastet. Sie gestaltet sich unter dieser Belastung meist intensiver, als es ohne diese geschehen wäre. Die neu Befreundeten kommen so eher in die Situation, ein heimliches Zusammenleben anzufangen, das sich dann störend in den ursprünglichen Sozialzusammenhang hineinstellt. Viele so genannte Problembeziehungen kommen dadurch in eine Krise und können nicht menschlich in den Schicksalszusammenhang der Familie integriert werden. Da kann es eine Hilfe sein, daran zu denken, wie es den eigenen Kindern gegenüber doch möglich ist, jedes auf seine Art herzlich lieb zu haben. Es ist dies eine Art naturhaftes Vorbild für das aus eigenem, freiem Entschluss zu erringende Liebenlernen verschiedener Erwachsener, die dem Ehepartner nahe stehen und dadurch auch für einen selbst die Aufgabe darstellen, hier in eine nähere Beziehung zu kommen.

Sicher wird der eine oder andere von Ihnen jetzt denken: Wenn das so einfach wäre ... Oder: Da hat sie sich ganz geschickt an dem Problem der sexuellen Treue und dem damit verbundenen Misstrauen vorbeibewegt.

Daher sei noch ein Gesichtspunkt hierzu angeführt. Es gibt Ehen, die daran zerbrechen, dass der eine der Partner sich vom anderen nicht jederzeit körperlich berühren lassen will und der andere dies als Liebesentzug missversteht. Es gibt auch Beziehungen, wo von Anfang an die Neigung (meist bei ihm) vorhanden ist, außereheliche sexuelle Beziehungen zu pflegen — aus welchen Neigungen heraus und mit welchen Entschuldigungen auch immer. Derartige, auf das körperliche Erleben der Liebe und der damit verbundenen Sehnsüchte und Wünsche bezogenen Vorlieben oder Abneigungen liegen tief im Schicksal der betreffenden Menschen begründet. Hier zu moralisieren ist leicht — zu verstehen dagegen schwer.

Hier kann man eigentlich nur weiterkommen, wenn man sich mit dem Gedanken der wiederholten Erdenleben im Schicksalsverlauf vertraut macht und am Verständnis auch solcher Schicksalsbedingungen arbeitet. Nicht zur Rechtfertigung von menschlichen Schwächen sei das ausgeführt, sondern als Hinweis auf einen Weg zum gegenseitigen Verstehen.

In diesen Zusammenhang gehört auch die Frage, wie mit dem ganz unerwartet auftauchenden neuen Freund oder der Freundin umzugehen ist, die in eine harmonische und bisher nicht belastete Beziehung hereinkommen und eben für den Partner mehr bedeuten als nur eine Freundschaft; die dem Partner vielleicht das Glück einer bisher nicht gekannten tiefen und fraglos-harmonischen Liebe gewähren — ganz unabhängig davon, ob und inwieweit sich diese Beziehung auch auf die körperliche Ebene erstreckt.

Auch hier hilft nur ein Arbeiten am Rätsel der Schicksalsgestaltung weiter. Es tröstet dies zwar nicht unmittelbar über den Schmerz der Einsamkeit, über die Enttäuschung, die Selbstzweifel und Vorwürfe hinweg. Es hilft jedoch, Motive für die eigene Weiterentwicklung zu finden, die einen diese Erfahrung als wesentlich annehmen lassen und zur Reifung der Persönlichkeit beitragen.

Es würde dem christlichen Entwicklungsziel der Freiheit widersprechen, angesichts all dieser möglichen Konstellationen und Konflikte neue Regeln aufzustellen von *erlaubt* und *nicht erlaubt* oder aber alt bewährte einfach nur zu übernehmen. Ob und unter welchen Bedingungen ich mit meinem Partner zusammenleben will, ist in meine Freiheit gestellt, auch wenn ich diese Bedingungen im Laufe des Ehelebens ändere, aufgebe oder neue schaffe — es ist dies meine ganz persönliche Schicksalsfrage. Von mir hängt es ab, was ich tragen kann und will und was ich in die Ehe einbringe. Und so ist es auch für den Partner. Gelingt so ein Wachsen des gegenseitigen Verstehens, dann vertieft sich die eheliche Liebe in neuer Weise — gerade durch die Probleme, so paradox das auch klingen mag.

Ehe als Kraftquelle

Bisweilen wundert man sich, wie zwei Menschen, die geheiratet haben, beide voll im Beruf stehen können, Kinder betreuen und sich um die Schule kümmern müssen, zusätzlich noch sozial engagiert sind und hier und da auftauchen und tätig mitarbeiten — wie sie das eigentlich schaffen.

In jeder Ehe tritt eines Tages das Kraftproblem auf. Stellt sich jedoch die beglückende Erfahrung ein, dass es gelingt, die Ehe wirklich zu führen und die Gemeinsamkeit zu erleben und zu pflegen dann können einem daraus bisher nicht gekannte Kräfte zuströmen. Zerbricht jedoch diese Einigkeit oder muss sie jeden Tag mühsam errungen werden, so werden Kräfte gebunden und unter Umständen in einem täglichen Kleinkrieg verbraucht, sodass nur noch wenig für den Pflichtenkreis übrig bleibt. Die Ehe ist ein Ort, wo man sich gegenseitig Kraft geben und nehmen kann — umso stärker, je mehr man sich in der geistigen Gemeinsamkeit und Einigkeit begegnet ist und aus diesem Bewusstsein heraus lebt und handelt.

Wer eine Ehe schließt, hat damit nicht nur eine persönliche Verantwortung auf sich genommen für den Partner und für sich, sondern steht zugleich in einer sozialen Verantwortung darinnen, die den ganzen Schicksalsumkreis betrifft. Dieser freut sich oder leidet mit den Betreffenden. Die Freude und das Ausstrahlende, welche im Umkreis einer geschlossenen Ehe vorhanden sind, haben immer etwas enorm Anziehendes und Kraftspendendes für alle Menschen der Umgebung, insbesondere auch für Kinder und Jugendliche. Wo jedoch eine Ehe zerbricht, entsteht eine Art Vakuum, das Kräfte aus dem Umkreis an sich zieht und bindet und verbraucht. Wenn zwei Menschen sich verbinden, ist dies eben nicht nur eine Addition von Kräften. Vielmehr entspricht diesem Zusammenschluss die Potenzierung der Kraft. Das Gemeinsame, worum die beiden sich bemühen, ist etwas, das beide umfasst, was größer ist als jeder einzelne der Ehepartner.

Wenn zwei Menschen in dem Gedanken verbunden sind: Wir leben für ein bestimmtes Ideal des Friedens, der Wahrheit oder der Liebe, und sie freuen sich täglich darüber, dass sie für dieses Ideal leben dürfen, so bemerken sie im Laufe des Lebens immer mehr, dass ihnen von diesem Ideal selbst die Kraft zuströmt, mit der sie dann zum Segen ihrer Umgebung umgehen können. Dies wird auch von Menschen erlebt, die die geistigen Hintergründe dieser Tatsache nicht kennen. Sie sagen dann: Ich fühle mich dadurch bereichert und in meinen besten Kräften gestärkt, ich fühle mich begnadet. Fragt man sich dann: Woher kommt denn dieses Sich-bereichert-Fühlen?, so kann bewusst werden, dass sich Gedanken und Gefühle der geistigen Welt so nähern, dass deren Wesenswirkungen sich zeigen und dem Eheleben so eine höhere Weihe geben können. Die Hoffnung darauf lebt in dem Wunsch nach der kirchlichen Trauung, die das Bewusstsein auf dieses Kraftzentrum hinlenken möchte, zu dem die eheliche Gemeinsamkeit führen kann.

Fragen zum Thema

Frage: *Ist es in jedem Fall wichtig, eine Ehe aufrechtzuerhalten, wenn zum Beispiel ein Partner heroinabhängig ist und der andere und das Kind sehr darunter leiden?*
Antwort: Auch die durch Rauschgiftkonsum belastete Ehe ist ein Beispiel für die Frage nach der Treue. Die Ehe ist sicherlich kein Selbstzweck, sondern vielmehr ein Ort der Kraftsammlung, ein Ort der Gemeinsamkeit und vor allem ein Ort der Fruchtbarkeit. Wenn eine Ehe unfruchtbar wird und beide eigentlich weniger werden dadurch, dass sie zusammen sind, dann ist es doch selbstverständlich im Interesse aller Beteiligten, dass man auseinander geht und das, was schön war in der Beziehung, in Dankbarkeit mitnimmt und dem die Treue hält. Sie werden sagen: *Ja, wenn man so gescheit und vernünftig miteinander reden kann, gibt es eigentlich das Problem*

nicht. Das ist völlig richtig. Es gibt ja auch die Partnerschaften, in denen einer schon so durch den Alkoholismus beeinträchtigt ist, dass er in manchen Situationen gar nicht mehr zurechnungsfähig ist. Dann liegt die Entscheidung eben beim anderen Teil. Der Ehepartner hat vielleicht das Gefühl: *Ich kann das aushalten, weil ich das will und weil dieser Mensch sonst noch mehr absacken würde.* Es gibt ja unzählige dieser Ehen, die ganz vom Opfer leben, in denen der eine Partner sagt: *Ich stehe dazu. Ich halte diesen Menschen, auch wenn er mich verprügelt. Diesen Entschluss habe ich damals gefasst, und ich halte das durch.* Dagegen kann man gar nichts sagen, das kann man nur bewundern.
Aber wenn jemand sagt: *Ich wollte das zwar, aber jetzt merke ich, ich kann es nicht. Mein Kind geht dabei drauf. Ich selbst gehe vor die Hunde,* dann sollte man sich doch darauf besinnen, dass die Ehe weder ein Gefängnis noch ein Zwang ist, sondern eben dieser Ort der Lebensgemeinsamkeit, der Fruchtbarkeit. Und wenn dies nicht mehr gegeben ist, so hat die Ehe ihren Sinn verloren. Und etwas Sinnloses, meine ich, sollte man nicht fortsetzen. So allgemein gesagt, ist es jedoch auch wieder falsch. Man muss natürlich jede einzelne Situation anschauen. Aber genauso, wie es außerordentlich fruchtbare Ehen gibt, gibt es eben wahre Höllen, die unter dem Namen Ehe durchlitten werden. Es ist dann

eine Frage der Menschenwürde, ob man das aufrechterhalten will oder nicht. Und so, wie man in Freiheit sein Jawort gibt, kann man auch in Freiheit ein Neinwort geben. Wenn man das unter der Perspektive der wiederholten Erdenleben anschaut, dann weiß man: Weder das Ja noch das Nein sind absolute Werte. Vielmehr sind es Möglichkeiten, sich für bestimmte Wegstrecken zu verbinden und in den Konsequenzen dieser Entscheidungen zu leben.

Frage: *Wenn ein Partner Kontakte zu einem anderen Menschen hat, wie überwinde ich die Unsicherheit gegenüber dieser für mich undurchschaubaren Beziehung? Ich habe Angst, dass meine Ehe gefährdet ist!*
Antwort: Die Angst vor dem Nichtdurchschauen einer Beziehung ist das Härteste und Schmerzlichste, was es überhaupt im Leben einer Ehe geben kann. Sie ist aber andererseits auch ein Signal, um sich weiterführende Gedanken über das menschliche Schicksal zu machen. Ich möchte jetzt nicht betonen, das empfinden Sie ja selbst, dass sich auch hinter dieser Angst unter Umständen so ein schillernder Treuebegriff und persönliche Ansprüche und auch Illusionen verbergen können. Auch wenn man das durchschaut, hat man das Problem, und das ist ja gerade das Schmerzliche. Und wenn man nicht ständig in dieser Angst weiterleben will, muss man versuchen, diese Beziehung so ernst zu nehmen,

dass man sie in die eigene Ehe, in die eigene Liebe zum anderen voll mit aufnehmen kann. Das Problem löst sich nur, wenn man die Angst dadurch überwindet, dass man versucht, die Bedeutung zu verstehen, die diese Beziehung für den Partner hat. Leider ist es oft so, dass dem Partner vorgeworfen wird: *Was du mit dem oder der machst, interessiert mich nicht! Das macht mich fertig! Ich kann es nicht sehen! Ich will davon nichts wissen!* Wenn natürlich so etwas gesagt wird, bleibt die Angst, und die Beziehung wird durch die Ausgeschlossenheit intensiver. Wenn man den eigenen Partner wirklich lieb hat und versucht, Anteil zu nehmen an dem, was ihm da geschieht, dann kann das eine große Hilfe sein, einmal für das Verstehen und zum anderen für ein Überwinden dieser Ängstlichkeit. Die Angst vor der nicht durchschauten Beziehung kann sich nur auflösen, wenn man die Beziehung durchschaut. Und dazu ist es nötig, an Schicksalsfragen zu arbeiten, unter Umständen am Gedanken der wiederholten Erdenleben, und sich aus dieser Einigkeit des Hier und Jetzt und *Wir haben doch ausgemacht ... und warum du jetzt ...?* sich heraus zu bewegen und eben das Interesse am anderen zu verstärken. Und ein Drittes ist vielleicht auch noch wichtig: Die Besinnung auf das, was man hat. Ich habe das in verschiedenen Eheberatungsgesprächen den Partner, der sich beklagte, gefragt: *Was hast du denn weniger, seitdem der andere diese Beziehung hat?* Allein diese Besinnung in aller Nüchternheit bringt das Problem auch wieder in gesundere Grenzen zurück. *Bevor diese Beziehung war, war meine Ehe so und so. Über verschiedene Dinge habe ich mir überhaupt keine Gedanken gemacht. Jetzt, wo die Beziehung da ist, mache ich mir plötzlich über neue Dinge Gedanken.* Ist das nicht eine Bereicherung? Ein Aufwachprozess? Kannst du nicht dafür dankbar sein und jetzt bewusst das pflegen, was möglich ist, mit dem Partner zu teilen, und dadurch diese andere Beziehung als etwas Neues, Zusätzliches, Bereicherndes zu integrieren?

Frage: *Wenn die Ehe eine Vorübung zur Intuition ist, wie ist es dann für die Menschen, die nicht heiraten; können diese auch die Intuition erlangen?*
Antwort: Intuition ist der Zustand tiefster, unmittelbarster Wesenserkenntnis. Sie kann erreicht werden durch geistige Schulung. Dabei ist jede menschliche Beziehung ein Übungsfeld, wo das Interesse für das Wesen des anderen ausschlaggebend ist. Diese Frage führt uns wieder zum Ausgangspunkt der Betrachtung zurück: Zu den drei Ebenen, auf denen Ehe sich vollziehen kann. Die seelisch-geistige Ehe ist eine Form menschlicher Beziehung, die die Sexualität nicht einbeziehen muss. Auch wenn die leibliche Vereinigung der Geschlechter das getreueste physische

Abbild der Wesenserkenntnis ist. Intuition dagegen als höchster Erkenntniszustand ist gerade nicht mehr an den Leib gebunden, vielmehr reine Geisterfahrung.
Warum Menschen heiraten oder nicht heiraten, ist eine persönliche Schicksalsfrage, die nur aus dem Zusammenhang der wiederholten Erdenleben wirklich zu verstehen ist.

Frage: *Was ist Treue und wo beginnt Untreue?*
Antwort: Treue entwickelt sich aus der Standhaftigkeit, mit der man zu einem einmal gefassten Entschluss steht. Sie ist auf das Wesen des anderen Menschen hinorientiert und Ausdruck einer seelisch-geistigen und damit dauerhaften Beziehung. Sie muss allerdings im Bemühen um das Verständnis des anderen immer wieder neu errungen werden. Ein Problem ist, dass dieses Ideal in unserer Zeit immer häufiger reduziert wird auf den Bereich der sexuellen Treue. Wie fragwürdig das ist, hat Goethe in seinem Roman *Die Wahlverwandtschaften* eindrucksvoll dargestellt, wo rechtmäßige Ehepartner miteinander ein Kind zeugen, aber während dieses Vorgangs jeder der beiden an seinen heimlichen Geliebten denkt. Das Kind, das dann geboren wird, sieht den Geliebten ähnlich und nicht den Ehepartnern.

Sexuelle Treue kann Ausdruck seelischer und geistiger Treue sein — muss es aber nicht. Entscheidend ist jedenfalls die Gesinnung der Partner und nicht das äußere Verhalten. Was Treue in seelisch-geistiger Beziehung sein kann, hat Rudolf Steiner einmal in einem Brief an einen Jugendfreund so formuliert:

Schaffen Sie sich eine neue, starkmutige Anschauung von Treue an; was die Menschen sonst Treue nennen, vergeht so schnell. Das aber machen Sie zu Ihrer Treue:

An dem anderen Menschen werden Sie Augenblicke erleben, schnell dahingehende: da wird er Ihnen erscheinen wie erfüllt, wie durchleuchtet von dem Urbild seines Geistes. Und dann können, ja werden andere Augenblicke, lange andere Zeiten kommen, da verdüstern sich die Menschen. Sie aber sollen lernen, in solchen Zeiten zu sagen: »Der Geist macht mich stark. Ich denke an das Urbild; ich sah es doch einmal. Kein Trug, kein Schein raubt es mir.«

Ringen Sie immer um dieses Bild, das Sie sahen. Dieses Ringen ist Treue. Und so nach Treue strebend, wird Mensch dem Menschen wie mit Engel-Hüter-Kräften nahe sein. —

In der geistigen und seelischen Treue lebt die dauerhafte Hinwendung zum Wesen des anderen. Diese kann sich auch standhaft erweisen, wenn ein Partner untreu wird und das Eheversprechen bricht.

Was jedoch meines Erachtens nichts mit Treue zu tun hat, sind Eifersucht und Besitzansprüche, die oft im Zusammenhang mit ihr gesehen werden und im Grunde beide Partner in ihrer Entwicklung hemmen. Treue, die man fordert und die nicht freiwillig geschenkt wird, verdient diesen Namen eigentlich nicht.

Es gibt Treue in bestimmten zeitlichen Grenzen. Es gibt aber auch den Begriff ewiger Treue. Sexuelle Treue ist an den Zeitraum eines Erdenlebens gebunden. Sie ist eine wesentliche Stütze des Ehelebens, und die damit verbundenen Verzichte und Erfahrungen vertiefen das gegenseitige Vertrauen.

Ewige Treue geht als verbindliches Interesse für das Wesen des anderen durch alle weiteren Erdenleben hindurch, wenn sie einmal von Herz zu Herz versprochen wurde. Sie ist jedoch unabhängig vom ehelichen Verhältnis, auch wenn ein solches in einem Erdenleben bestanden haben kann.

Frage: *Die Ehe lebt durch Gemeinsamkeiten (Kindererziehung und so weiter). Wie ist dann das Phänomen zu erklären, dass Ehepartner nach vielen Jahren der Einschränkungen und persönlichen Opfer, um ein gemeinsames Haus zu erwerben, dann, wenn alles vollbracht ist, auseinander gehen?*

Antwort: Das, was eine Partnerschaft trägt, ist das gemeinsame Ziel. Wenn das fehlt, muss eines gefunden oder erarbeitet werden, sonst geht der Zusammenhalt notwendigerweise verloren.

Frage: *Sie sagten, dass es die Vollkommenheit nur auf leiblichem Gebiet gibt und nicht auf seelischem und geistigem Gebiet. Wieso zerbrechen dann viele Partnerschaften daran, dass der eine keine Erfüllung durch den anderen hat und sich einem anderen zuwendet?*
Antwort: Dass man keine Erfüllung findet und nach einem anderen Partner sucht, ist ein seelisches und geistiges Problem. Die Möglichkeit leiblicher Vereinigung kann in ihrer naturgebundenen Vollkommenheit nur erlebt werden, wenn der andere auch als seelisch-geistiges Wesen ernst genommen und gesucht wird. Dann kann man auch mit dem anderen den Weg beschreiten, auf dem die Erfüllung gelernt wird — denn sie ist ja häufig nicht von Anfang an gegeben aufgrund der unterschiedlichen leiblichen, seelischen und geistigen Ansprüche und gegenseitigen Erwartungen.

Frage: *Es würden weniger Probleme entstehen, wenn die Partner miteinander reden könnten. Viele können einfach nicht miteinander reden, aber wir müssen miteinander reden!*
Antwort: Das Miteinander-reden-Können ist tatsächlich ein Problem. Es gibt Menschen, die lieber

schweigen als reden. Wenn man denen auf den Pelz rückt, dann werden sie noch schweigsamer. Das Unpassendste, was man tun kann, ist, von einem Schweiger zu erwarten, dass er doch reden möge. Man hat diesen Schweigsamen schließlich geheiratet und hat ein gewisses Interesse an ihm. Und wenn man etwas von ihm erwartet, was er eigentlich gar nicht erfüllen kann, dann ist das eben ein Zeichen dafür, dass man den anderen noch nicht richtig kennt. Dass man ihn noch nicht *erschlossen* hat. Er ist noch *verschlossen*. Der nächste Schritt wäre also, diesen *schweigenden Eisberg* kennen zu lernen. Er will vielleicht gefragt werden, aber nicht so, dass man gleich fünf Fragen hintereinander stellt und dann am Schluss ruft: *Sag doch endlich etwas!* Es ist zweifellos richtig, dass wir miteinander reden lernen müssen. Wir müssen aber auch miteinander schweigen lernen. Wenn wir den anderen so nehmen, wie er ist, und ihm nicht mit falschen Erwartungen begegnen, kann er sich besser uns gegenüber öffnen, als wenn er sich missverstanden und unter Druck fühlt.

Die männliche und weibliche Konstitution

Medizinisch-menschenkundliche Aspekte zur Ehe

Verehrte Anwesende!

In der kinderärztlichen Praxis werden wir häufig mit Eheproblemen konfrontiert, weil Kinder hierauf mit körperlichen Beschwerden reagieren können. Symptome wie Erbrechen, Durchfall, hohes Fieber, Bettnässen, Unruhe, Aggressivität u. a. führen dann in die Sprechstunde. Da versucht dann der Kinderarzt nicht nur ein Rezept zu schreiben, sondern auch ins Gespräch zu kommen und zum Beispiel die Mutter zu fragen: *Und wie geht es Ihnen, sind Sie zur Zeit sehr belastet mit Arbeit und Verpflichtungen?* Oft werden jedoch die häuslichen Probleme von den Eltern selbst angesprochen. Da heißt es dann beim zweiten Arztbesuch: *Ja, vielleicht wird es Sie interessieren, bei uns ist es zur Zeit zu Hause so und so. Ich glaube, dass der Kleine da zu viel mitbekommt und das in der Krankheit abreagiert …* Und ehe man sich es versieht, ist man mitten in einer Eheberatung darin, für die man zwar nicht speziell ausgebildet ist, der man sich jedoch aufgrund eigener Erfahrung und vieler Gespräche nicht entziehen kann, zumal, wenn sich über Jahre hin zu der Familie ein Vertrauensverhältnis aufgebaut hat. So wird man persönlich Stellung nehmen und zu raten suchen, um dem Kind zu helfen.

Wie kann man in einer Krisensituation Verständnis erwecken für — ja, den anderen, für die Art und Weise, wie man miteinander umgehen kann? Dies ist eine der wichtigsten Fragen heute. Denn unsere Probleme liegen in erster Linie im Sozialen. Wir alle machen die Erfahrung, dass, je mehr gesellschaftliche Normvorstellungen und Konventionen zur Regelung des privaten Lebens abgebaut werden und der Freizeitraum des einzelnen sich vergrößert, diese Probleme eher zunehmen. Noch vor hundert Jahren, ja bis zu einem gewissen Grade noch bis zum Ende des Zweiten Weltkrieges war es so, dass das gesellschaftliche Leben und auch das eheliche Leben in einem viel stärkeren Maße als heute von bestimmten gesellschaftlichen und vor allem auch kirchlichen Grundansichten — was richtig und was falsch ist im menschlichen Zusammenhang — geregelt war. Dass von Jahr zu Jahr diese Reglementierungen von außen immer weniger akzeptiert werden, ist eine Signatur unseres Jahrhunderts, die ja im Grunde zu begrüßen ist. Denn der einzelne Mensch wird sich in zunehmendem Maße darüber klar, dass er selbst für sich und die Gestaltung seines Lebens verantwortlich ist, nicht aber der Staat oder die Kirche. Mit diesem *ich bin selbst für meine Lebensweise verantwortlich* ist jedoch zugleich ein Konfliktstoff gegeben für das soziale Zusammenleben. Wie kann ein harmonisches Zusammenleben und Arbeiten entstehen, wenn jeder seinen eigenen Neigungen folgt? Auf diese Frage können äußere Instanzen oder gesetzliche Regelungen keine befriedigende Antwort geben. Wer meint, eine Heilung unserer sozialen Konflikte könne zustande kommen dadurch, dass irgendwo ein großer Mann oder eine bedeutende Frau ein Modell harmonischen Zusammenlebens entwickelte, und wir müßten uns dann *nur* danach verhalten, der ist im Irrtum befangen. Eine wie immer geartete seelische oder äußere politische Diktatur würde nur vorübergehend eine Art Ruhe vor dem Sturm bewirken, die, wenn dann dieses Regime abgesetzt wäre, ein um so größeres Chaos zur Folge hätte. Denn die Menschheit ist in Entwicklung begriffen. Sie toleriert die alten Herrschaftsformen nicht mehr. Und wenn Sie in die Geschichte zurückschauen, so zeigt jedes Jahrhundert ein anderes Gesicht.

Wenn Sie beobachten, wie die Mäuse ihre Löcher buddeln, wie die Bienenwaben geformt sind — schön sechseckig — so zeigt sich da kein Wandel im Verhalten dieser Tiere seit der vorchristlichen Zeit. Tiere haben etwas, worum sie von manchen Menschen beneidet werden: Nämlich eine eingeborene Ordnung, eine eingeborene Regelung ihres Sozialverhaltens, ihrer Kommunikation, ihrer Umwelt- und Selbstbezogenheit. Wo auch immer wir sie beobachten, wo sie ungestört leben können, spüren wir etwas von dieser Harmonie des Daseins. Wenn eine Katze sich leckt, wenn eine Biene an der Arbeit ist, berührt uns dies doch ganz eigentümlich. Und wir fragen uns einerseits: Wie halten diese Tiere das nur aus, immer dasselbe artgemäß zu tun? Andererseits: So gut möcht' ich es auch einmal haben! So selbstverständlich leben zu dürfen. Im krassen Gegensatz erscheint uns demgegenüber die Geschichte der Menschheit: Wie kommt es, dass unsere Häuser anders sind, unsere Kulturbauten und Verkehrsbedingungen andere sind, auch unsere Politik, unsere Erziehung, unsere Philosophie, alles, alles anders ist, als es z. B. 500 Jahre vor Christus der Fall war? Das hängt eben mit der Tatsache zusammen, dass der Mensch ein Naturwesen ist, das schon konstitutionell dazu veranlagt ist, sich und die Erde unablässig zu verändern. Gewaltige Umstrukturierungen des Bewußtseins haben sich bis heute vollzogen, in deren Folge sich Verhalten und Lebensweise änderten. Heute sind wir in einer Zeit angekommen, wo eben das Selbstbewußtsein des Einzelnen eine Stärke angenommen hat, die alles übersteigt, was in früheren Zeiten da war. Wenn man sich überlegt, dass zum Beispiel Karl der Große Analphabet war und mühsam lesen und schreiben lernte und noch gerne mit den Fingern aß, empfindet man die Dimension der Menschheitsentwicklung, in der es heute selbstverständlich ist, dass jedes Schulkind lesen und schreiben lernt und mit Messer und Gabel ißt. In gewissem Sinne findet es in der Schulzeit bereits Anschluß an ein kulturelles Niveau, auf dem noch vor gar nicht langer Zeit nur der Klerus und die Gelehrten standen. Heute ist das eben selbstverständlich, dass jeder einzelne Mensch in unserem zivilisierten Leben dazu erzogen wird, selbst zu denken, selbst zu urteilen. Das kann man auf der einen Seite als einen großen Fortschritt ansehen. Auf der anderen Seite wird deutlich, dass in dem Moment, wo dieses starke Selbstbewußtsein entwickelt ist, und eigenständig gedacht wird, man sich nichts mehr sagen lassen will. Da will man dann auch eher selber Fehler machen, aus eigenen Erfahrungen lernen. Wenn aber viele, viele Menschen immer wieder dieselben Fehler machen, wird es einem auch unheimlich zumute und man fragt sich: Wie lange hält das die Erde noch aus, so vieles, was da zerstört wird, wieder zu regenerieren und auszugleichen? Wir empfinden es deutlich: Es ist heute bereits eine Situation eingetreten, in der wir die Begrenzung der Entwicklungsmöglichkeiten unserer Erde als Planet sehen — ich brauche das sicher nicht weiter auszuführen — und in der wir in eine Art innere spannungsgeladene

Haltung kommen und uns fragen: *Werden es die einzelnen Menschen schaffen, von ihrer Selbstreflexion, von ihrem Grübeln über das eigene Wohl und Wehe so weit hinwegzukommen, dass sie anfangen, sich für das Schicksal der Erde und ihrer Entwicklung und das der ganzen Menschheit zu interessieren?* Auf dem Hintergrund dieser Frage möchte ich auch den heutigen Abend verstanden wissen. Wie lernen wir, die Erfahrungen des Ehelebens zu einer Quelle gegenseitigen Verstehens werden zu lassen, die Kraft geben kann für die alltäglichen Aufgaben und Pflichten? Es ist erschreckend zu sehen, wie gerade das Eheleben heute immer mehr dazu angetan ist, viele gute Kräfte in internen Auseinandersetzungen zu verschleißen. Wieviel seelische Energie wird da verbraucht und wie schwer wird es dadurch für den einzelnen, sich noch mit den über das Persönliche hinausgehenden Fragen, Angelegenheiten der Zeit und der Welt so zu beschäftigen, dass Phantasie entwickelt werden kann, auch etwas zur positiven Veränderung zu tun. Oft reicht das Interesse des einzelnen nur noch zum Zeitunglesen, Nachrichtenhören und die Zustände kritisieren aus. Daher hoffe ich sehr, dass die Gedanken, die hier über das Eheleben ausgetauscht werden, dazu beitragen, dass wir alle in unserem Umkreis etwas wacher werden für die Möglichkeiten, Kräfte zu sparen, uns gegenseitig wirklich unterstützen zu lernen und immer mehr Energien freizubekommen für die Probleme, die unsere Zeit uns stellt und wo jeder einzelne gefragt ist und mithelfen kann. Das Thema unseres heutigen Abends klingt ja sehr anspruchsvoll, dafür möchte ich mich fast entschuldigen — aber das liegt in der Natur der Sache.

Wenn etwas über den Unterschied zwischen Mann und Frau gesagt werden soll und über gegenseitiges Verstehen, so tritt sofort die Frage auf: Ja, wo bleibt hier eigentlich der Mensch? Sind wir nicht schon wieder in diesem Rollenspiel darin und drängen das Individuelle gegenüber dem Gattungsmäßigen in den Hintergrund? Liegt nicht vielleicht schon darin ein Grund für häufige Mißverständnisse, dass wir das Gattungsmäßige zu stark in den Vordergrund rücken und man sich als Mensch nicht mehr ganz ernst genommen sieht? Dass das Individuelle, das Ich-Erlebnis des Menschen und seine Tatbereitschaft, heute in den Vordergrund treten, zeigen die Emanzipationsbestrebungen auf vielen sozialen Gebieten. Auch dies ist eine Folge des zunehmenden Selbstbewußtseins. Daher sei zunächst danach gefragt, wie dieses menschliche *Selbst* sich als geistiges, seelisches und leibliches Wesen erlebt. Bitte haben Sie ein wenig Geduld, wenn ich mit dem eigentlichen Thema erst nach diesen Vorüberlegungen beginnen werde. Fangen wir mit dem Seelenleben an. Das ist ein Feld, das wir nur durch unsere eigene

Innenbeobachtung erschließen können. Denn alle, die wir hier sitzen, erleben unser Innenleben als einen in sich geschlossenen Seelenraum, in dem sich jeder für sich bewegt und von dem wir wissen, dass er sich von dem des anderen unterscheidet. Damit hängt ja auch eines dieser zehrenden Eheprobleme zusammen, dass man eines Tages die Empfindung bekommt, der andere versteht einen nicht, hat einen nie verstanden. Es erscheint einem als furchtbare Illusion, dass man das Gegenteil einmal geglaubt hat. Und dieses Sich-nicht-verstanden-Fühlen ist mit einem außerordentlichen Einsamkeitserlebnis verbunden. Es bringt uns Reichtum und Begrenzung unseres Seelischen klar zum Bewußtsein. Wir würden uns dem anderen gerne mitteilen, finden aber nicht den Weg zu ihm. Die Seelen sind sich gegenseitig verschlossen. Und der, der einem eigentlich der nächste war, rückt plötzlich in besonders weite Ferne, obwohl man neben und mit ihm lebt. Wir erleben die Seele als den Lebensraum unserer Persönlichkeit. Er kann sich weiten oder eng werden, je nach unseren Lebensumständen. Er kann in der Depression so zusammenschrumpfen, dass wir zum Schluss nur noch uns selbst erleben und kein Interesse und keine Anteilnahme an der Welt mehr möglich ist. Umgekehrt kann er im Zustand voller seelischer Gesundheit so weit werden wie die Welt. Wir können alle Probleme um uns ernst nehmen, seelisch bewegen und in uns aufnehmen. Der Seelenraum ist dann so weit, wie unsere Blicke reichen, und so weit, wie der Verstand greift. Nun ist es das Eigentümliche, dass ein Mensch, der sich für viele und vieles interessiert, in der Regel keine Zeit dazu hat, persönliche Probleme über ein gewisses Maß hinaus zu bewegen. Er kann es sich nicht leisten, zu grübeln und zu brüten, zu hadern und unzufrieden zu sein. Er wird nicht endlose Energien verschleißen im Bedenken des eigenen Wohl und Wehe. Das ist eine Tatsache. Umgekehrt ist dieses umso mehr der Fall, je enger und selbstbezogener der Seelenhorizont ist. Unsere Seele ist demnach immer in Bewegung. Sie ist nie endgültig begrenzt. Sie ist unser persönliches Erlebnisfeld. Da spielen Gesundheit und Krankheit, die jeweiligen Lebensumstände, das Schicksal stark prägend mit herein. Aber eines können wir uns immer klarmachen: Unser *Ich*, unsere Persönlichkeit braucht diesen seelischen Lebensraum, und es hängt ihr Lebensglück davon ab, ob sie es lernt, diesen Raum immer bewusster selbst mitzugestalten und ihn nicht nur von außen anregen und bewegen zu lassen.

Wie ist ein solches Mitgestalten möglich? In diesem Seelenraum finden wir unsere Gedanken, Wünsche, Erinnerungen, Erfahrungen, unsere Lebensmotive, Gefühle und Willensintentionen vor. Dabei fällt auf, dass eine Fülle von Empfindungen, Gefühlen, Trieben und Absichten dadurch zustande kommt, dass wir Hunger haben, dass wir Lust auf dieses und jenes haben, wonach unser Körper verlangt. Ein großer Teil unseres Seelenlebens wird davon unmittelbar geprägt. Das heißt, sehr vieles von dem, was wir seelisch erleben, entstammt Neigungen, die wir eindeutig als leibgebunden empfinden. Das geht bis dahin, dass, wenn wir einen schweren Durchfall haben, wir uns seelisch schlapp und lustlos fühlen. Auch erleben wir die Leibgebundenheit des Seelenlebens, wenn wir sehr müde sind und uns plötzlich nicht mehr so engagieren können, einfach weil wir nicht mehr können, weil wir *kaputt sind*. Derartige Erfahrungen führen dazu, dass es Menschen gibt, die meinen, das ganze Seelenleben wäre überhaupt schlechthin leibgebunden. Denkt man jedoch ein klein wenig über sein Seelenleben nach, so merkt man, dass das nicht stimmen kann. Denn so, wie beim Tier eine außerordentlich starke Leibgebundenheit erlebt werden kann, weil seine Verhaltensmuster innerhalb einer Gattung ungeheuer ähnlich sind und bleiben, so ist dieses beim Menschen gerade nicht der Fall. Er kann sich an jede neue Umgebung anpassen, immer neue Lernprozesse in Angriff nehmen. Bei ihm finden wir nicht nur unbegrenzte Möglichkeiten der Anpassung an die Umgebung, sondern auch unbegrenzte Möglichkeiten der Distanzierung, des Sich-innerlich-absetzen-Könnens

auch von sich selbst. Es gibt zum Beispiel Menschen, die laufen ein ganzes Leben lang mit einer krummen Nase herum oder schielen und haben deswegen bis ins hohe Alter Komplexe. Sie haben es nicht geschafft, sich von etwas, das sie körperlich an sich empfinden und sehen, innerlich abzusetzen; und dann gibt es andere — ja, gut — bis etwa Mitte der Zwanziger haben sie sich noch krause Locken gewünscht oder auch beim Friseur machen lassen und dann haben sie sich mit ihrem Sosein identifiziert bzw. sich innerlich von dem Makelerlebnis distanziert. Dadurch haben sie eine gewisse seelische Unabhängigkeit vom Körper erreicht. Sie haben eine völlig andere, viel freiere Einstellung zu sich und zu anderen Menschen gewonnen.
Natürlich hängt hierbei sehr viel von der Erziehung ab. Wem ständig eingeredet wurde, du bist zu dick, oder dies und das ist nicht so, wie es sein soll, der wird ein solches Trauma ziemlich weit in sein Leben mit hereintragen. Ganz anders ein Mensch, dessen Blick früh auf das Wesentliche, über das persönliche hinausgehende Dinge gelenkt worden ist, und der so angenommen wurde, wie er eben war. Es gibt Menschen — das hat man im Krieg oft erlebt, die können um anderer Willen lange Zeit Hunger ertragen. Es gibt andere, die sind so verzweifelt oder selbstbezogen, dass sie ihr eigenes Kind aussetzen, um selber satt zu werden. Hier treten gewaltige

Unterschiede zutage. Und es hängt natürlich sehr stark von den eigenen Erfahrungen und Erlebnissen, ja vom persönlichen Entwicklungszustand ab, wie weit das Seelenleben als nur vom Körper bestimmt oder aber von ihm unterschiedlich beeinflußt erlebt wird. Und das ist ja auch richtig so. Jeder Mensch hat das Recht auf seine eigene Entwicklung. Keinem kann ein Vorwurf daraus gemacht werden, *dass er noch nicht weiter ist*. Und die Tatsache, dass es Menschen gibt, die anders oder auch besser sind als man selbst, sollte lediglich Ansporn sein, sich in dieser oder jener Richtung selber auf den Weg zu machen. Wer sich über bestimmte Verhaltensweisen anderer moralisch entrüstet, macht dadurch lediglich einen Rückschritt in der eigenen Entwicklung — den Verurteilten bringt er dadurch nicht weiter auf seinem Weg. Diesen muss jeder selber gehen. Dass wir uns dabei nur selten wirklich etwas abnehmen können, ist bisweilen schwer zu ertragen. Andererseits beruht gerade hierauf unser Freiheitsgefühl. Wir sind zur Selbstgestaltung unseres Schicksals aufgerufen. Zusammengefaßt können wir sagen: Wenn wir auf den Leib schauen, so merken wir, dass das Seelenleben durch ihn in charakteristischer Weise begrenzt wird[1]. In einem zarten Körper lebt es sich anders

1 Vergl. auch das Kap. Leib, Seele und Geist in Rudolf Steiners »Theosophie«, GA 9.

als in einem schweren. In einem Körper, der eine starke Triebgebundenheit hat, lebt es sich seelisch anders als in einem Körper, dessen Organfunktionen stärker in Harmonie miteinander stehen, so dass von daher zum Beispiel kein starker Triebdruck entsteht. Das ist verschieden. Aber — wir werden auf diesen Punkt nachher noch zu sprechen kommen — auch hier ist es so, dass der Mensch im Laufe seines Lebens sehr viel, bis ins Körperliche herein, aus eigener Kraft an sich selbst verändern kann, bis in seine Organfunktionen hinein. Ein ganz großer Irrtum ist es, zu meinen, so wie ich bin, muss ich mein ganzes Leben lang bleiben.

Was ist Geist? In der Beantwortung dieser Frage kann man es sich sehr kompliziert machen. Man kann sich aber auch sehr schlicht sagen, dass der Geist etwas so Selbstverständliches, so Alltägliches ist wie unser Körper und wie das, was wir als unser persönliches Seelenleben empfinden. Denn das Geistige in der Welt und in uns erkennen wir daran, dass es das Tätige, das Wirksame in allem ist. Die Art und Weise, wie wir Menschen das Geistige erfassen können, ist, dass wir es in bewußter Weise denken können. Das ist die Art, wie wir es in einem allerersten Zugang, in einer allerersten Näherung erfassen können: durch unser Denken.

Das möchte ich gerne an ein paar Beispielen erläutern. Ich habe gesagt: Das Geistige wirkt, das heißt alles, was wir denken können über die Welt und über uns, ist ja, wenn wir es richtig gedacht haben, so, dass es stimmt. Wir denken ja ungern in Irrtümern, das ist ja nicht das Anliegen des Denkens, dass wir uns Illusionen machen oder absichtlich falsch denken, sondern wenn wir über etwas nachdenken, haben wir immer das Bestreben, richtig zu denken. Und wenn wir etwas richtig gedacht haben, dann stimmt das, was wir denken, mit dem, was wirklich ist, überein. Nun gibt es aber ganz verschiedene Arten, etwas zu denken. Eine erste Art ist die des Nachdenkens über die äußere Welt und die in der Natur wirksamen Naturgesetze. Auf diesem Erkenntnisfeld sind wir heute schon ziemlich weit. Und das Großartige ist, dass wir merken, wir können die Gesetze der Aerodynamik, der Thermodynamik, der Physik, der Mathematik, der Chemie — wir können alles denken. Und in China, in Amerika, in den Laboratorien der UdSSR und in Prag forscht man an denselben Objekten, und auf großen internationalen Symposien — unabhängig vom politischen System — tauscht man sich aus, merkt man die Übereinstimmung und das gegenseitige Verstehen über alle persönlichen, ideologischen, nationalen und rassischen Dinge hinweg. Die großen Forscher aller Kontinente und aller Regimes verstehen sich selbstverständlich, so wie zwei Schulkinder sich verstehen, die herausbekommen haben, dass 2x2 gleich 4 ist.

Solches Nachdenken macht uns auch die Übereinstimmung unseres Denkens mit den Gesetzen der sichtbaren Natur deutlich. Und das ist etwas ganz Bemerkenswertes: Es liegt tatsächlich in der Natur des menschlichen Denkens, dass jedes Weltgesetz in diesem Denken wiedergefunden werden kann. Als mir dieser Gedanke zum ersten Mal richtig bewußt wurde — das muss ich Ihnen ganz ehrlich gestehen, da habe ich mich zum ersten Mal auf dieser Erde so richtig zu Hause gefühlt. Mir war plötzlich klar, dass, was ich mir immer so eingeredet hatte, ich wäre letztlich doch heimatlos allein und von der Welt abgetrennt — unfähig, etwas zu ihrem Gedeihen beizutragen, dass das ein Irrtum war. Das Denken ist tatsächlich eine Tätigkeit, die einen mit allem, was es überhaupt nur gibt, in Beziehung bringen kann. In Gedanken können wir nachvollziehen, was in der Welt geschieht. Wir können die Übereinstimmung erleben zwischen dem Denken, das in uns wirksam ist, und demjenigen, das in der Welt wirksam ist. Das führt zu einem Gefühl tiefen Verbundenseins mit allem Geschehen, mit der Entwicklung der Erde und deren Wesen. Neben diesem Nachdenken über die Natur haben wir aber auch die Fähigkeit des Vorausdenkens. Vorausdenken tun wir zum Beispiel, wenn wir überlegen: Wie soll eigentlich die Welt in zehn Jahren aussehen, oder wie will ich mein Leben gestalten? Durch solche

Fragen kommen wir in eine völlig andere Art des Denkens herein: in das idealistische Denken. Das Charakteristische der Ideale ist, dass wir sie nicht mit Augen sehen oder mit Händen greifen können, sondern dass wir sie nur rein gedanklich fassen können. Auch existieren sie für uns nicht, wenn wir sie nicht denken wollen. Jeder, der Schweres in seinem Leben durchgemacht hat, kennt das Erlebnis, dass das, was ihn durchhalten ließ, was ihn getragen hat, die Ideale waren; es war ein verbindliches Lebensmotiv, dem man sich verbunden fühlte. Wem ein solches Motiv fehlte, dem brach seelisch das Trage- und Aushaltevermögen zusammen und er hat unter Umständen sogar seinem Leben ein Ende gemacht.

Damit sind zwei Seiten des Geistes charakterisiert: Der in der sichtbaren Natur und damit auch im menschlichen Leib wirksame Geist und derjenige Geist, der sich nur dem denkenden Bemühen erschließt, wenn wir über Ziel und Form des Lebens nachdenken, uns für Ideale begeistern und eine moralische Ordnung der Naturordnung an die Seite stellen. Blicken wir auf die Ideale, auf die ethischen Werte des Lebens, so kommen wir bereits in den Bereich, von dem auch die Religionen und Philosophien in Form von Einsichten, Intuitionen oder Offenbarungen sprechen. Denn das Ideal der Liebe kann von uns bloß gedacht werden. Es kann aber auch eine für uns verbindliche Form bekommen, und wir können versuchen, es zu verwirklichen — allen inneren Widerständen zum Trotz. Ebenso ist es mit dem Ideal der Treue, der Freundschaft oder der Güte.

Rudolf Steiner hat außer dem exakten Nachdenken und dem schöpferischen Vorausdenken noch andere Möglichkeiten des Denkens aufgezeigt: Die Weiterbildung der Denktätigkeit zu der Imagination, der Inspiration und der Intuition. Dadurch konnte er auch die Wirklichkeit erforschen und unmittelbar einsehen, die den Idealen so entspricht wie ein Naturgesetz einer Naturwirklichkeit: Die Wirklichkeit der geistigen, d. h. der übersinnlichen Welt. Er konnte zeigen dass Ideale die gedankliche Offenbarung geistiger Wesen sind. Auch schilderte er, welche geistigen Wesen es sind, die sich uns Menschen nähern, wenn wir das Ideal denken, das ihr Wesen kennzeichnet.

Ein armes Seelenleben, welches wenig und nur schattenhafte Gedanken hat, das wenig Nahrung von der Welt bekommt, wenig Übereinstimmung mit der Welt erlebt hat, wird ganz fixiert sein auf sein leibliches Wohl und Wehe. Das muss so sein, weil der Seelenraum nur das enthält, was bisher erlebt und gelernt wurde. Und hier liegen große soziale und pädagogische Probleme unserer Gegenwart. Denn es gehört zum Lebensglück eines Menschen, eine Erziehung zu bekommen, die ihn auf den Weg bringt, seine Seele immer mehr mit den geistigen Inhalten, das heißt mit Wahrheiten dieser Welt in Beziehung zu bringen und damit das eigene Selbst mit den Angelegenheiten der Menschheit zu verbinden. Wenn das eine Schule leistet, dass der Schüler später ein Leben lang Freude am Lernen behält, dann hat sie ihren Zweck erfüllt. Dann wird man sich in jeder Lebenslage zu helfen wissen.

Werfen wir von diesem eben skizzierten Leib-Seele-Geist-Verständnis aus einen Blick auf die menschliche Biographie: Zunächst entwickelt sich der Leib. Essen und Schlafen sind Hauptbeschäftigungen des Säuglings. Dann erwirbt er nach und nach den aufrechten Gang, fängt an zu sprechen; es entwickelt sich an diesem Sprechen das Denken. Wir merken, wie Jahr um Jahr, je reifer der Körper wird, auch das seelische Leben immer mehr in Erscheinung tritt. Es drängt sich die Frage auf: Wie kommt es denn, dass das Auftreten seelischer Fähigkeiten immer an ein Reifen ganz bestimmter körperlicher Funktionen gebunden ist? Da könnte man zum krassen Materialisten werden und sagen, aha, das ist ja ganz klar: Wenig Seelenleben — unreifer wachsender Organismus; viel Seelenleben — ausgewachsener gut funktionierender Organismus. Eine solche Ansicht stimmt etwa bis zur Lebensmitte. Spätestens aber mit 40-50 Jahren stimmt sie mit der Lebenserfahrung nicht mehr überein. Denn alt werden heißt ja nicht, nach dem 40. oder 50. Jahr seelisch-geistig abbauen, unbrauchbar werden, so wie es der Leib mit Notwendigkeit wird. Im Gegenteil. Spätestens da merkt es jeder Mensch, dass an dieser materialistischen Theorie etwas nicht stimmt. Denn wer gesund alt wird, erlebt gerade ein Reicherwerden seines Innenlebens von Jahr zu Jahr. Allerdings gehört es ebenfalls zu den ganz großen Problemen unserer Gegenwart, dass viele Menschen durch eine unzureichende Erziehung nicht auf eine Selbsterziehung und geistige Weiterentwicklung vorbereitet worden sind. Dadurch wird die Disposition gefördert, im Alter auch seelisch-geistig abzubauen. Andererseits gehört es zum Schönsten, was einem gerade als jüngerer Mensch begegnen kann, eine achtzigjährige Frau oder einen vierundneunzigjährigen Mann zu treffen, die geistig frisch sind, und obwohl der Hormonspiegel und andere Körperfunktionen schon enorm reduziert sind, kein bißchen an Empfindungen und Gefühlen verarmt sind — im Gegenteil: geläutert, reich, abgeklärt, großartig. Es treten einem hier menschliche Qualitäten entgegen, die man einfach bei einem 35Jährigen Menschen nie beobachten könnte.

Um dieses Phänomen zu verstehen, ist es nötig, sich ein Ergebnis aus Rudolf Steiners Geistesforschung klarzumachen. Nämlich dieses, dass unser

Denkvermögen nichts anderes ist als die Summe aller Gesetzmäßigkeiten und Tätigkeiten, die in Embryonalentwicklung, Kindheit und Jugend das Wachstum und weiter noch im späteren Leben die Regeneration besorgen. Das heißt mit anderen Worten, dass die Denkfähigkeit die vom Leib nicht mehr beanspruchte, emanzipierte Wachstumskraft ist. Oder, wie Rudolf Steiner es lapidar formuliert: *Denken ist metamorphosierte Wachstumskraft.* Auf dem Hintergrund dieser geisteswissenschaftlichen Tatsache ist es verständlich, dass der Mensch im Alter seelisch-geistig reicher und reifer werden kann, weil sein älter werdender Körper immer weniger Kraft zur Regeneration beansprucht. Das heißt, dass die abnehmenden Vitalfunktionen des Körpers, jeder Zelluntergang bei einem Gewebe, das sich vorher noch stärker regenerierte, eine gleichzeitige Zunahme geistiger Möglichkeiten anzeigen können. Die Regenerations- bzw. Wachstumskräfte machen also eine Metamorphose ihrer Wirksamkeit durch, in dem Maße, wie sich der Körper entwickelt oder langsam wieder abstirbt.

Dieser Tatbestand eröffnet einen neuen Einblick in den sogenannten *Leib-Seele-Zusammenhang* und stellt Medizin und Pädagogik auf eine Grundlage, auf der das Wechselverhältnis von Leib, Seele und Geist bei jeder zu ergreifenden Maßnahme berücksichtigt werden kann.

Das Kind kommt eben deswegen zum Zahnwechsel richtig in die Schule, weil die härteste Substanz seines Körpers, nämlich der Zahnschmelz, fertig gebildet ist. Zwischen dem 6. und 8. Lebensjahr reifen die Schmelzkronen aus, die dann im Laufe der folgenden Jahre durchbrechen. Die mit dem Abschluß der Schmelzbildung frei werdenden Wachstumskräfte bewirken, dass beim Kind plötzlich ein intelligentes Vermögen auftritt, das es vorher nicht hatte: Nämlich das abstrakte Erinnerungsvermögen. Ein Kind kann plötzlich — das gehört zur Schulreife — eine ganze Geschichte lückenlos wiedererzählen, es kann vom Augenschein abstrahieren und zum Beispiel verschieden geformten Glasgefäßen, in die dieselbe Menge Wasser gefüllt wird, ansehen, dass in ihnen tatsächlich gleich viel Wasser darin ist. Entsprechend geschieht eine Verwandlung des seelischen und geistigen Lebens mit jedem Schritt in der körperlichen Entwicklung. Daher kommt es auch, dass sich unser Seelenleben und unsere Art zu denken und zu empfinden im Laufe des gesamten Lebens immer weiter entwickeln und ändern können. Und damit hängt es auch zusammen, dass wir durch die Art unseres Denkens zerstörend oder aufbauend auf unseren Leib zurückwirken und ihn über längere Zeiträume in seinen Funktionen beeinflussen können.

Diese Tatsache ist es nun auch, die mit dem Thema

des heutigen Abends, nämlich der Verschiedenheit von Mann und Frau in körperlicher und seelischer Beziehung ganz entscheidend zu tun hat. Man kann zwar auf diesem Sektor viele psychologische Studien treiben, kann dicke Bücher darüber schreiben und wird trotzdem das Leib-Seele-Problem nicht wirklich verstehen, ohne den genannten Tatbestand zu berücksichtigen. Das mag sehr anmaßend klingen, wenn ich das hier so sage. Ich kann es im Rahmen eines Vertrages ja auch nur andeuten — aber ich bin sicher, dass Ihnen dieser Gesichtspunkt etwas gibt für das Verständnis von Mann und Frau, das erhellend zu dem hinzutritt, was in den dicken psychologischen Wälzern, die Sie vielleicht zu Hause bei sich stehen haben, über dieses Thema zu lesen ist. Was besagt der genannte Tatbestand vom Zusammenhang des Denkens mit den Wachstumskräften über den Unterschied von Mann und Frau? Jeder Mensch hat, wie Sie wissen, 22 Chromosomenpaare (Autosomen) und dann noch zwei spezielle, die sein Geschlecht bestimmen. Nun könnte man annehmen, dass sich gleich von Anfang an während der Embryonalentwicklung zeigt, wer hier ein Junge oder ein Mädchen wird. Die Natur macht es jedoch seltsam umständlich: Wenn Sie sich einen 3-4 Wochen alten Embryo vorstellen, so sehen Sie das Folgende: Es beginnen die sogenannten Urkeimzellen in die Region der zu bildenden Fortpflanzungsorgane einzuwandern und die Entwicklung der Keimdrüsen zu induzieren bzw. zu veranlassen. Und da bilden sich zunächst bei beiden Geschlechtern ganz genau dieselben Gewebestränge als doppelgeschlechtliche Anlage aus. Und dieses völlig gleichartige Aussehen der Keimdrüsenanlage dauert bis zum Ende des zweiten Lebensmonats. Dann erst beginnt die sichtbare Differenzierung in ein männliches und ein weibliches Geschlecht. Dabei bildet sich die bereits angelegte Keimdrüse des entgegengesetzten Geschlechtes wieder zurück. Und es bleiben beim Mädchen von den sogenannten Wolfschen Gängen und bei den Jungen von den Müllerschen Gängen nur kleine Rudimente im Umkreis der Fortpflanzungsorgane zurück. Jeder Mensch trägt solche Rudimente vom entgegengesetzten Geschlecht in sich — gleichsam als kleine organische Erinnerungen an die Embryonalzeit. Man kann sich wirklich fragen, warum der Körper diesen Umstand macht — er hat doch genug zu tun, um in neun Monaten fertig ausgebildet zu sein. Warum verbraucht er hier die ersten zwei Monate damit, alles doppelt anzulegen und es dann wieder rückgängig zu machen? Immerhin doch von neun Monaten zwei Monate — eine ganz schöne Zeit. Und so naiv muss man hier fragen, um dem Verständnis näher zu kommen. Denn eines kann man unmittelbar an dem Vorhandensein der Rudimente ablesen: Die Potenz, eine männliche oder weibliche Organanlage zu bilden,

die steckt in jedem Menschen darin. Mit hohen Dosen von Testosteron läßt sich daher auch zeitlebens bei der Frau das Auftreten der männlichen sekundären Geschlechtsmerkmale provozieren und umgekehrt mit Östrogenen beim Mann die weiblichen:
Sein Bartwuchs geht zurück, die Brust fängt an zu wachsen und der typisch weibliche Fettansatz bildet sich. Die Frau dagegen bekommt eine tiefere Stimme, ihre Skelettmuskulatur wird stärker, es tritt der männliche Behaarungstyp auf, die Brust schwindet und der Bartwuchs beginnt. Normalerweise regelt jedoch der genetisch festgelegte Stoffwechsel, dass der Mensch sich körperlich nicht *doppelt* verausgabt und ein Zwitter wird.

Anders ist das noch bei den niederen Tieren. Ein Bandwurm zum Beispiel, der zeitlebens zweigeschlechtig ist, sich also ständig selbst befruchten kann, der verbraucht den größten Teil seiner Energie in diesen Selbstbefruchtungsvorgängen und hat ein winzig kleines Nervensystem. In diesem Zusammenhang ist es interessant, dass beim Menschen und den höheren Säugetieren jeweils während der Embryonalentwicklung genau parallel zu dem *Verzicht* auf die Ausbildung des entgegengesetzten Geschlechtes die Großhirnbläschen aussprossen. Die Ausbildung der Großhirnhemisphäre und die Differenzierung der Keimdrüsen fallen also in denselben Zeitraum der Embroynalentwicklung. Das heißt,

was im ersten Buch Mose im Bild geschildert wird, dass die Geschlechtertrennung zusammenfällt mit der Bewußtseinsentwicklung, zeigt sich hier als biologische Tatsache. Fragt man nach der Bedeutung dieser Tatsache für das Selbstverständnis des einzelnen, so kann hierbei ein Ergebnis von Rudolf Steiners geisteswissenschaftlicher Forschung wegleitend sein. Wir wollen es als Arbeitshypothese einmal vor uns hinstellen: Wir verdanken den Impuls zur Gehirnentwicklung dem Verzicht auf die Reproduktionskraft des anderen Geschlechtes. Das heißt, wenn sich körperlich eine weibliche Anlage ausbildet und der Verzicht eintritt auf die Wachstumskraft der männlichen Anlage, dann machen die nicht benutzten männlichen Fortpflanzungskräfte eine Metamorphose durch und wirken mit beim Aufbau des Großhirns und beim Denken selber.
Wir wollen jetzt aufgrund dieser Hypothese einmal hinblicken auf die Unterschiede von Mann und Frau in leiblicher und seelischer Hinsicht. Der Mann ist in der Regel etwas schwerer, muskelstärker, hat eine tiefere Stimme, ein etwas schwereres Gehirn. Das männliche Fortpflanzungshormon Testosteron mit seiner anabolen, das heißt den Eiweißaufbau stimulierenden Wirkung spielt hierbei eine wesentliche Rolle. Frauen sind dagegen leichter gebaut, eben das *schwache Geschlecht*, und haben in bezug auf körperliche Kraft im Durchschnitt (im einzelnen stimmt

das natürlich nicht, das ist selbstverständlich) etwas weniger zu bieten, sind ein bißchen weicher, ein bißchen zarter und nicht so *ganz da* wie die Männer.
Eine weitere wichtige Verschiedenheit ist die Funktionsweise der so unterschiedlichen männlichen und weiblichen Fortpflanzungsorgane. Diese wollen wir uns in diesem Zusammenhang jetzt einmal vor Augen führen. Denn damit müssen ja auch entsprechende Unterschiede in der Dynamik des Gedankenlebens zusammenhängen. Stellen wir uns die Tätigkeit der Ovarien vor. Etwa vom 14. bis 48. Lebensjahr wird jeden Monat ganz getreulich ein Ei zur Reife gebracht. Auch der Uterus wird jeden Monat dazu vorbereitet, das befruchtete Ei aufnehmen zu können. Und dann wird im Falle der Nichtbefruchtung die Uterusschleimhaut wieder umgebaut und das Ei zusammen mit der abgestoßenen Schleimhaut ausgeschieden in der Monatsblutung. Entsprechend ändern sich die Spiegel der weiblichen Fortpflanzungshormone in strengen monatlichen Rhythmen. Ganz anders die Tätigkeit der männlichen Fortpflanzungsorgane: Unablässig Tag und Nacht werden Spermen und Samenflüssigkeit gebildet. Die Menge ist individuell verschieden, und es besteht eine gewisse Beziehung zwischen Angebot und Nachfrage. In gewissen Grenzen läßt sich die Samenbildung daher vom Mann selber steuern. Auch wenn bisweilen behauptet wird,

dass das nicht möglich sei, ist es dennoch eine Tatsache. Hier liegt jedenfalls eine ganz andere Dynamik vor, eine ungeheure Produktivität, hochspezialisierte Zellen werden gebildet und ausgestoßen. Und interessanterweise gibt es keine Zelle des Körpers, die sich erneuert, sei es Haut, Niere, Knochen, Blut, irgend etwas — die für ihre Reproduktion, das heißt ihre Zellerneuerung nicht die Anwesenheit männlicher und weiblicher Geschlechtshormone brauchen würde. Auch ist nahezu jede Körperzelle in der Lage (das wurde an der Ratte erforscht), kleine Spuren Östrogene und Androgene zu bilden. Die Fortpflanzungsorgane in ihrer Verschiedenheit bilden eine Art Reservoir, in dem große Hormonmengen entstehen. Die Tätigkeit der Fortpflanzungsorgane und der damit verbundenen hormonellen Vorgänge stellen in ihrem Zusammenwirken einen Spezialfall dar — in dem sie der Entstehung eines neuen Menschenlebens dienen —: der unablässig sich vollziehenden Reproduktion und Wiederherstellung des eigenen Organismus.

Was sagen uns diese Phänomene? Wenn Sie sich noch ein mal daran erinnern, was wir vom Altern gesagt haben: wie wir in der Abbauphase im Alter bemerken, dass die seelische und die geistige Entwicklung gesetzmäßig Jahr um Jahr fortschreiten können, weil die durch das Altern nicht mehr leiblich genutzten Regenerationskräfte dem Denken zur

Verfügung stehen können, so fällt von hier ein Licht auf die seelische Verschiedenheit von Mann und Frau. Denn selbstverständlich muss in der seelischen Dynamik, in der Art des Denkens ein anderer Akzent sein, je nachdem, welche der Organtätigkeiten körperlich nicht eingesetzt werden. Die Dynamik einer solchen Eireifung, wie sie sich bei der Frau abspielt, steht dem Mann als metamorphosierte Wachstumskraft rein seelisch zur Verfügung. Das heißt, er wird in seiner Art zu denken etwas zur Verfügung haben, das ihn von vornherein dazu disponiert, stärker bei einer Sache bleiben zu können, stärker abgeschlossen von der Umwert, das heißt abstrakt eine Sache zu durchschauen und prüfen zu können. Das weibliche Fortpflanzungsorgan ist eben ganz von der Umwelt abgeschlossen, das hat keine umweltgerichtete Dynamik, sondern hat eine nach innen gerichtete Dynamik. Seelisch zeigt sich das beim Mann in einer stärkeren In-sich-Geschlossenheit des Gedankenlebens, in einer damit verbundenen besseren Konzentrationsfähigkeit; er kann nicht so leicht abgelenkt werden. Er kann jedoch eher ideell verarmen, die Neigung entwickeln, immer bei bestimmten Maximen zu bleiben, gewohnheitsmäßig beim bewährten Vertrauten zu verharren. Er liebt dann *seine Ruhe* und meidet Gelegenheiten, wo es bunt zugeht und Unruhe und Unvorhersehbares entstehen könnte. Im weiblichen Seelenleben herrscht dagegen eine andere Dynamik vor; sie ist durch die körperlich nicht genutzten männlichen Fortpflanzungsorgantätigkeiten geprägt. Ihr fällt es leichter, einen neuen, ungewohnten Gedanken aufzunehmen. Ihr Gedankenleben hat eine mehr nach außen gerichtete Dynamik, ist sprühender, anregender, farbiger, aber auch unsteter und sprunghafter als dasjenige des Mannes. Sie denkt auch ganz anders nach und überrascht den erstaunten Ehemann oft mit der Äußerung: *Ich habe mir das noch einmal neu überlegt,* womit dann ein für ihn längst Klares und Abgeschlossenes wieder in den Bereich des Ungewissen gerückt wird. Ein Herr, der viel mit Sekretärinnen zu tun hat, erzählte mir einmal: *Sie glauben gar nicht, was die alles noch zu besprechen haben, wenn ich längst denke, dass das Problem bereits geklärt ist.* Das Sprühende, Anregende, aber auch Unstetere in der Gedankenführung steht der Fähigkeit des Mannes gegenüber, mehr zum ruhigen konsequenten Ausreifenlassen der Gedanken zu kommen. Deswegen ist es für jedes echte erkenntnissuchende Gespräch eine Bereicherung und Förderung, wenn sich Männer und Frauen daran beteiligen. Auch wenn im weiteren Leben das Individuelle Seelenleben durch Lernprozesse das Gattungsmäßige immer mehr überformt und verwandelt, bleibt doch eine gewisse Grundfarbung zeitlebens vorhanden. Es ist so, dass das weibliche Seelenleben umweltoffener, wahrnehmender, farbiger, phantasievoller und beweglicher ist. Und das des Mannes verläßlicher, vorhersehbarer in der Reaktion, konstanter und zentrierter. *Sie* hat die Einfälle — *Er* das Durchhaltevermögen. So könnte man es überspitzt zusammenfassen. Und da der andere sucht, was ihm fehlt, findet man oft bei *Ihr* die Sehnsucht, sich aufgehoben, gehalten, gestützt zu fühlen. Umgekehrt bei *Ihm* die Neigung, aus dem Gewohnten auszubrechen und sich anregen zu lassen. Deutlich wird jedoch, dass weder der eine noch der andere das im anderen findet, was er selber ist. Vielmehr erwacht das Bewußtsein für die persönlichen Eigenheiten gerade am Erleben der Andersartigkeiten des anderen.

Dass dieses nicht durchschaut wird, damit hängen eine Vielzahl von Eheproblemen zusammen. Nämlich diejenigen, die dadurch entstehen, dass man auf der Suche nach sich selber und dem Wesen und Sinn der eigenen Existenz ist und diese Suche in den Partner projiziert und nun meint, im anderen das eigene Selbst gefunden zu haben. Auch wenn wir an der Begegnung mit dem anderen zur immer genaueren Erkenntnis des eigenen Wesens aufwachen — wer der andere wirklich ist, das bleibt in Wahrheit ein Rätsel, davon können wir uns nur immer wieder neu ein Bild zu machen versuchen. Hat man die Suche nach sich selbst mit der Partnersuche verwechselt, so ist der erste ganz große Konflikt der, dass man lernen muss, dass der andere doch ganz anders ist, ein anderes Schicksal hat als man selbst, auch wenn zunächst durch das Zusammenkommen zweier Polaritäten ein grenzenloses Harmoniegefühl entstanden ist und man sich ganz einig und eins gefühlt hat. Zwei verschiedene Seelen- und Körperarten haben sich ergänzt, zwischen beiden besteht eine naturgegebene seelische und körperliche Anziehung. In beiden aber lebt ein ganz individuelles Menschen-Ich, das sich aus der Harmonie heraus eines Tages wieder stärker zu regen beginnt und nach Fortentwicklung verlangt. Dieses Geistig-Individuelle, was in der Seele und im Körper lebt und unablässig tätig ist, wirksam ist, weil es reiner Geist ist, revoltiert. Es war vorübergehend im Erleben der Gemeinsamkeiten wie untergetaucht. Manchmal wird es sogar von den Menschen so formuliert: Wo war ich bloß die ganze Zeit? Und mit einem Mal ist plötzlich der Abstand wieder da und die Einsamkeit des Menschen-Ich wird wieder erlebbar. Die Suche nach *sich selbst* ist dadurch nicht abgenommen worden, dass der Lebensgefährte gefunden worden ist. In dieser Krisensituation haben es heute die Frauen noch immer wesentlich schwerer als die Männer, denen man die Notwendigkeit zur individuellen Persönlichkeitsentwicklung eher zugesteht. Das Ich der Frau wird gern identifiziert mit ihren körperlichen und seelischen geschlechtsgebundenen Eigenschaften. Hier ist noch viel Aufklärungsarbeit zu leisten, dass jeder im anderen den geistigen Wesenskern als einmalig, allgemeinmenschlich und unverwechselbar anerkennt. Andererseits ist es schier unmöglich, Eheschwierigkeiten zu bekommen, wenn jeder innerlich sicher seinen Weg geht und sich für das Ergehen des anderen brennend interessiert, und wenn man sich über Fragen des *den eigenen Weg gehen* unterhalten kann und die Abgründe und Einsamkeiten, mit denen der andere und man selbst immer wieder zu kämpfen hat, als notwendige Marksteine der inneren Entwicklung akzeptieren kann. Viele Konflikte hängen gerade damit zusammen, dass hierüber nicht recht gesprochen werden kann und jeder vom anderen meint, dass dieser ihn *nicht versteht* — ja, *nie verstanden hat* und dass das harmonische Zueinanderfinden nur eine schöne Illusion war. Fasst man die Ehe als Gemeinschaft zweier Individualitäten auf, die sich gegenseitig in ihrer Entwicklung fördern wollen, so wird sie zu einem fruchtbaren Übungsfeld. Und dies ist nur in der Kontinuität zu erfahren. Denn eine Eigenschaft, woran Sie immer die Ich-Qualität des Menschen erkennen können, das ist die Kontinuität. Wir erleben ja unseren geistigen Kern, unsere Identität, gerade daran, dass sie nicht schwankt wie unser Seelenleben. Die Gefühle können sehr verschieden sein, je nachdem, was wir erleben, aber alles, was wir sozusagen dauerhaft in unserem Seelenleben erzeugen können: Bleibende Neigungen, Pflege von Idealen, Durchtragen bestimmter Entschlüsse, das bekommt Anteil an unserem Ich, an unserer ewigen Persönlichkeit. Allem, womit wir uns im Ich verbinden, verleihen wir dadurch Dauer, das heißt aber auch, dass wir es nicht mehr verlassen. Und eine Ehe ist eigentlich in dem Moment erst eine Ehe, wo sie von Ich zu Ich aus Interesse am Wesen des anderen geschlossen wird. Und eine solche Beziehung ist dann von Dauer, weil sie geistig wesenhaft ist. Die Beziehungen, die zerbrechen können, sind nicht von Ich zu Ich geschlossen worden. Da haben andere Motive vorgeherrscht. Denn in dem Moment, wo man vom Ich aus eine Beziehung schließt, tritt auch die Freiheit gegenüber der naturgegebenen körperlichen und seelischen Anziehung auf. Da fragt man dann nicht mehr so sehr danach, was brauche ich jetzt vom ändern, sondern da fragt man viel eher danach, weil man sich für dieses Ich des anderen interessiert, was braucht denn der andere von mir? Und in dem Moment tritt man in den Bereich einer Liebe ein, die man die christliche Liebe nennt, weil sie schenkend ist

Im 1. Korintherbrief des Paulus werden ihre Eigenschaften beschrieben: Sie ist langmütig und freundlich, sie kennt keinen Neid, keine Prahlerei, ist immer wahr und echt, verletzt nicht, treibt die Selbstsucht aus, trägt Böses nicht nach — ja, sie erträgt alles, hofft auf alles, ist unsäglich geduldig und vertrauensvoll.

Wir sehen, hier werden Qualitäten des Ich, des Menschengeistes beschrieben. Da das Ich aber auch in Seele und Leib tätig ist, haben wir natürlich auch die mit ihnen zusammenhängenden Formen der Liebesäußerungen zu erleben. Wir kennen die seelisch geprägte Liebe, bei der ein überwiege der Selbstbezug vorherrscht und die im Griechischen Philia genannt wird. Hier leben beide seelisch stark voneinander man ist ganz füreinander, aber das Schenken ist stets auch mit der Erwartung zu empfangen verbunden. Wird diese Erwartung enttäuscht oder glaubt man sich vom anderen nicht mehr so innig und ausschließlich geliebt, so kann diese Liebe in Haß oder Eifersucht umschlagen. Diese Liebe lebt daher vom ständigen Geben und Nehmen, mal mehr der eine, mal mehr der andere. Es ist die Liebe derjenigen Freundschaften, die ihr Auf und Ab haben, durch Krisen gehen, die zerbrechen können, aber auch einmalig wunderschön sind und sicher ein ganz elementarer Bestandteil unseres Menschenlebens.

Außer dieser mehr im Seelischen wurzelnden Liebe kennen wir noch die an die Lebensorganisation gebundene Erotik und die an die Einbeziehung des ganzen Leibes gebundene Sexualität. In allen diesen

Schichten unseres Wesens können wir uns erlebend bewegen und die Erfahrungen der Liebe sind um so beseligender, je mehr sie im Ich empfangen und von ihm gegeben werden und damit in der Freiheit der beiden Persönlichkeiten gegründet sind.

Nachdem in dem bisher Ausgeführten Unterschiede in der leiblichen und seelischen Verfassung von Mann und Frau zur Darstellung gekommen sind und wir zuletzt die Liebefähigkeit als Offenbarung des Menschen-Ich in allen Wesensschichten zu charakterisieren versucht haben, soll jetzt zum Abschluß noch das pädagogische Problem der Selbsterziehung angesprochen werden. Rudolf Steiner bemerkte einmal auf die Frage nach der Ursache der zunehmenden Eheschwierigkeiten, dass dieses in erster Linie Ausdruck einer nicht stattgehabten Erziehung zur Verträglichkeit sei. Läßt sich eine solche Erziehung zur Verträglichkeit im späteren Leben nachholen? Wer kann von sich sagen, dass er wirklich zu Toleranz und Verträglichkeit erzogen worden ist? Da können wir sicher alle noch viel hinzulernen. Ich möchte daher zwei Hilfen nennen, die sich auf diesem Gebiet bewähren:

Das erste Hilfsmittel ist, sich auf sein eigenes Verhältnis zur geistigen Welt zu besinnen. Was ist mein Lebensziel? Welches das Ideal meiner Entwicklung? Wie sehe ich dieses in Verbindung zu der Tatsache, dass alle anderen Menschen sich ebenfalls entwickeln? Gibt es ein uns Menschen gemeinsames Ideal des Werdens, der Menschlichkeit, zu dem die unterschiedlichsten Wege hinführen? Und — kenne ich das Lebensideal meines Ehepartners? Kann ich dieses Ideal lieben als sein Zentrum, seine innerste Sehnsucht nach Daseins Verwirklichung?

Das zweite Hilfsmittel ist die Befolgung eines sozialtherapeutischen Ratschlages von Rudolf Steiner, den er in einem Vortrag am 10.10. 1916 in Zürich gegeben hat:

Man nehme den anderen Menschen, wie er ist, und versuche aus dem, was er ist, das Allerbeste zu machen.

Es ist tatsächlich meistens so, dass man haargenau das Umgekehrte tut: Man nimmt sich selbst gern so wie man ist und kritisiert an dem anderen herum. In dem Augenblick, wo man Freude daran bekommt und Phantasie entwickelt, aus allem, was gesagt wird und geschieht, das für das gemeinsame Leben Fruchtbarste zu machen, kann es zu kraftraubenden unfruchtbaren, sich ewig wiederholenden Konflikten nicht mehr kommen. Vielmehr lernt man sich gegenseitig durch ein solches Bemühen erst richtig kennen, lernt über Unvollkommenheiten des anderen zu schmunzeln, die einen früher zur Weißglut bringen konnten, und bemerkt viele positive Gestaltungsmöglichkeiten des gemeinsamen Lebens,

die man bisher noch gar nicht entdeckt hatte. Wenn man in der Praxis mit Eltern über diesen Punkt spricht, so sind es meistens die Männer, die ganz verständnisvoll nicken, wogegen die Frauen einem entgegenhalten:
Ja, die Erfahrung habe ich schon oft gemacht, dass es in dem Augenblick keinen Streit mehr bei uns gibt, wo ich mich so verhalte, wie es mein Mann von mir erwartet. Wenn ich mich in allem füge und flexibel zeige, gibt es zwar keine Probleme, aber ich fühle mich in meinen Wünschen, Fragen und Problemen alleingelassen und nicht ernstgenommen.
Und hier liegt tatsächlich ein Kern des Problems. Solange man sich so fühlt als *müsse* man sich eben unterordnen und als herrsche keine Partnerschaftlichkeit im Äußern von Bitten oder Wünschen, steht man natürlich noch nicht auf dem Boden, auf den hier mit der zweiten Hilfe hingedeutet wurde. Denn dieser Boden kann nur durch einen freien Entschluß betreten werden. Man will das Beste daraus machen im Vertrauen auf die Entwicklungsfähigkeit des anderen, auch wenn er sich vielleicht erst einmal gar nicht ändert.
Es ist eine Lebenserfahrung, dass ein Mensch, der unausgesetzt von einem anderen die Bejahung seiner Existenz erfährt, sich in einer solchen Atmosphäre anders entwickeln kann, als wenn er im Inneren resigniert hat, weil er spürt, dass er dem anderen

doch nichts recht machen kann und den hohen, in ihn gesetzten Erwartungen nicht entspricht. Es zeigt sich immer wieder, dass in Gesprächen dieser Art der charakteristische Unterschied im Seelenleben von Mann und Frau zum Tragen kommt und wo dieses unbewußt bleibt, zum Konflikt führen muss: SIE hat eben aufgrund ihrer stärkeren seelischen Farbigkeit und Regsamkeit eine konstitutionelle Neigung, IHN zu idealisieren und mehr in ihm zu sehen, als er bieten kann. Umgekehrt hat ER die konstitutionelle Neigung, sich rascher zufrieden zu geben, eher etwas weniger von dem wahrzunehmen, was SIE ist und eigentlich will, und hat in ihren Augen oft zu geringe Ansprüche an das gemeinsame Leben und seine Gestaltung. Das heißt, bei der Frau liegt die Übung des oben angeführten Satzes — *den anderen nehmen, wie er ist, und daraus das Beste machen* — mehr darin, dass sie sich bemühen muss, realistischer zu werden, und beim Mann läge die Verwirklichung des Satzes mehr darin, ein wenig idealistischer zu werden. Beiden gemeinsam wäre das damit verbundene Bemühen, die Persönlichkeit des ändern in ihrem Tätigsein, in ihrem Sosein ernst zu nehmen.

Und damit ist noch ein weiteres verbunden. Es betrifft den menschlichen Umkreis, den beide Partner haben. Bei der Hochzeit war es so, dass Verwandte und Freunde der beiden sich begegneten, dass einander eigentlich wildfremde Menschen sich bei klingenden Gläsern das *Du* angeboten haben und die Ehe sich als ein sozialverbindendes Ereignis in den Alltag zweier Menschenkreise hereingestellt hat. Aber damit ist ein Prozeß in Gang gekommen, der seine Fortsetzung findet und an dem eines Tages die Ehen auch wieder zerbrechen: Denn der menschliche Umkreis des Partners, sein Schicksalsfeld, seine Beziehungen sind ja mit der Eheschließung nicht in einen Ruhezustand eingetreten, sondern wachsen weiter. Und so fordert das Ernstnehmen des anderen auch ein echtes Interesse für die menschlichen Beziehungen, die der andere hat oder neu eingeht. Gelingt es nicht, diese Menschen ebenso in sein Seelenleben mit aufzunehmen, wie man es bei der Hochzeit mit Verwandten und Freunden des Partners versucht hat, so kann die Intensität neuer Freundschaften auf die Ehe sprengend wirken, statt sie zu bereichern. Wäre mit dem Entschluß zur Ehe, zur Lebensgemeinsamkeit, auch der Entschluß verbunden, das Schicksal des anderen mit den ihm verbundenen Menschen ebenfalls zu heiraten, so könnten viele menschlich zunächst kompliziert erscheinende Konstellationen in ein gesundes, alle Beteiligten förderndes Geleis kommen. Denn Eifersucht und Gleichgültigkeit können dann viel leichter im Keim erstickt und überwunden werden.

Und auch hier erweist sich die Hilfe, das Beste aus

diesen Konstellationen zu machen, über sie zu sprechen und aus ihnen etwas über sich und den anderen zu lernen, als segensreich. Liebe schenken und Liebe genießen fallen im Leben zeitlich nicht immer zusammen. Dafür lernt man gerade durch diese Tatsache kennen, wie schwer sich die schenkende, Ich-getragene geistige Liebe aus der Seele herausringt, wenn man den selbstbezogenen Liebesgenuß als Zentrum der Gemeinsamkeit bisher empfunden hatte. Eifersuchtsgefühle, Verzweiflung, Leerheit und Sehnsucht nach dem Verlorenen wecken einen auf für die Einseitigkeit und Geistferne, von der die Liebe zum Ehepartner bislang eben doch geprägt war. Hingegen können Empfindungen des Enttäuschtseins nicht Platz greifen, wenn es einen brennend interessiert, warum gerade dieser neu hinzugekommene Mensch dem anderen soviel bedeuten kann. Eine derartige Lebenshaltung mag dem einen oder anderen von Ihnen wirklichkeitsfremd erscheinen. Sie wird demjenigen jedoch sofort einleuchten, der das Eheleben als einen Weg ansieht, den anderen in seiner Entwicklung zu fördern und sich selbst mit der geistigen Welt und den die Menschheit leitenden Lebensidealen in Beziehung zu wissen.

Es ist in diesen Ausführungen versucht worden, einige grundlegende Gesichtspunkte aus dem medizinisch-pädagogischen Bereich zum Thema Ehe darzustellen. Ausgangspunkt für mich war dabei die heutige Erfahrung in der Kindersprechstunde, wie sehr eine Atmosphäre der Verträglichkeit oder der Konfliktbereitschaft die kindliche Entwicklung beeinflussen können. Und so möge denn auch die Liebe zur heranwachsenden Generation, die noch härteren Zeiten entgegengehen wird, als es die unsrige ist, dazu beitragen, dass wir immer wieder die nötige Begeisterung dafür aufbringen, unsere sozialen Beziehungen gerade im häuslich-alltäglichen Bereich in menschenwürdige Bahnen zu lenken und zu pflegen.

Weiterführende Literatur: Macht in der zwischenmenschlichen Beziehung. Verlag Johannes Mayer, Stuttgart 2008

Ulrich Meier: Lust am Fremden

Unterwegs zu neuen Partnerschaftsmodellen

Vor einiger Zeit las ich, dass der stetig wachsende Markt der Partnerschaftsvermittlung im Internet mit außerordentlich differenzierten, sozialwissenschaftlich gründlich ausgearbeiteten Fragebögen operiert. Wer auf diesem Weg eine Partnerin oder einen Partner sucht, muss sich zunächst durch viele Seiten Fragen durcharbeiten, um durch seine Angaben ein Profil zu erstellen, das für den Suchvorgang im nächsten Schritt mit den Profilen der entsprechenden Partnersuchenden abgeglichen wird. Daraufhin — und auf diesen Vorgang kommt es mir hier an — wird ausgerechnet, in welchem Grad das Profil der Suchenden übereinstimmt. Je höher die Übereinstimmung, so lautet die Hypothese der Partnervermittlungen, desto eher ist die Gewähr, dass eine gelingende Partnerschaft zustande kommt.
Mein Gegenüber in der Bahn sah mir beim Lesen in die Zeitung und wir kamen unvermittelt über das Thema ins Gespräch. Er habe bei seiner Suche nach einer Partnerin bereits mehrfach erlebt, dass die Frau, mit der er zum Kennenlernen verabredet gewesen

sei, gleich zu Beginn des Treffens auffällig viele Fragen gestellt habe. Seine Antworten seien akribisch notiert und ein nächstes Treffen davon abhängig gemacht worden, ob die entsprechenden Eingaben auf einer Website mit einem Internet-Test im Ergebnis *grünes Licht* ergeben würden. Es habe ihn befremdet, dass die entsprechenden Frauen ihre Entscheidung über eine weitere Investition von Zeit in das Kennenlernen einfach der Maschine bzw. der Qualität des entsprechenden Tests überlassen hätten.
Ich möchte an dieser Stelle nicht das Pro und Contra der Internet-Partnervermittlung als solcher diskutieren. Die Erfahrung zeigt, dass es erstaunlich viele und zum Teil sonderbare Wege gibt, die zum Kennenlernen eines Partners oder einer Partnerin führen, mit dem oder der eine langjährige Partnerschaft gelingt. Andererseits bedeutet ein als romantisch oder schicksalhaft empfundener Beginn einer Partnerschaft noch lange nicht, dass sie deshalb gelingt. Die offensichtliche Zunahme professionell vermittelter Partnerschaften scheint mir viel mehr ein Zeichen für die wachsende Vereinzelung und Vereinsamung der Menschen zu sein. Gespräche mit Jugendlichen haben in mir die Überzeugung wachsen lassen, dass der Mut zu einem unbefangenen Ausprobieren von Partnerschaften bereits in diesem Lebensalter einer lähmenden Sorge vor dem Trennungsschmerz gewichen ist.

Zurück zu dem Gedanken, dass eine möglichst breite Übereinstimmung in den Interessen und Eigenarten der zukünftigen Partner eine Gewähr für das Gelingen der durch Profis vermittelten Partnerschaften ist, von dem übrigens auch mein Gesprächspartner in der Bahn überzeugt war: Ich halte dagegen, dass hier ein fundamentaler Irrtum vorliegt. Mich begeistert vielmehr die ganz andere Idee von Partnerschaft: Dass gerade das Fremde zwischen mir und dem Anderen eine Spannung erzeugt, die für die Partnerschaft produktiv werden kann. Was ich selbst nicht kann, was ich selbst nicht bin, aber im Anderen erlebe, kann als kraftvoller Reiz erlebt werden, als immer neue schöpferische Potenz für die Entwicklung der beiden Partner und ihrer Zweisamkeit.

Worin liegt dieser Reiz des Fremden? Bitte erinnern Sie sich einmal an das letzte Ereignis einer Verliebtheit: Da ist ein Mensch, der einfach durch seine Anwesenheit den eigenen Pulsschlag erhöht, jemand, der dafür sorgt, dass man ständig seine oder ihre Gegenwart sucht, jemand, ohne den man nicht sein möchte, obwohl man ihn noch gar nicht wirklich kennt. Aus psychologischer Sicht kann man natürlich ganz nüchtern sagen, dass das Faszinierende an dem Objekt der Verliebtheit eine mehr oder weniger heftige Projektion der eigenen Wünsche und Sehnsüchte darstellt. Etwas poetischer ausgedrückt ist das in der eigenen Seele entstehende Bild dessen, in den man sich verliebt, vor allen Dingen ein Idealbild, das eine Art Selbstentzündung bewirkt. Die Verliebten fühlen erst einmal kaum etwas anderes als diesen Reiz des Unbekannten, des Andersartigen, des ganz und gar Fremden. Verliebtsein macht zugleich glückhaft sichtbar, was an dem oder der Anderen entdeckt werden kann und zu gleicher Zeit auch schmerzhaft unfrei, weil es als Leidenschaft nur schwer der Souveränität des eigenen Ich zugänglich ist.

Aber das ist manchmal ja noch nicht alles. Nehmen wir an, aus einer solchen Verliebtheit entsteht durch den glücklichen Umstand der Gegenseitigkeit und die Kunst der Liebenden eine tiefere Liebesbeziehung: Man rückt näher zusammen und lernt sich nach und nach kennen. Dabei werden die zunächst durch die Brille der Verliebtheit wahrgenommenen Eigenschaften und Eigenarten des Anderen entweder bestätigt oder die Täuschung des ersten Überschwangs mildert sich in einer sanften Ent-Täuschung. Die Partner empfinden das Glück der Nähe und zu gleicher Zeit das Glück der Verschiedenheit. Auf diese Weise können die Verschiedenheiten genossen werden, ohne dass man unter mangelnder Übereinstimmung leidet.

Auf einer ersten Stufe lässt sich sagen: Was der Andere kann, was der Andere tut, was der Andere will, daran brauche ich ja solange nicht zu arbeiten. Ich kann Partnerschaft als eine Art wohligen Raum empfinden, in dem mir geschenkt wird, was mir selbst fehlt. Vor allen Dingen in den traditionalen Partnerschaftsmodellen wirkte das sehr stark: Warum soll ich als Mann lernen, Essen zuzubereiten? Meine Partnerin und ich können doch die Arbeit teilen: Die Frau bereitet das Essen zu und ich esse es. Auf anderen Lebensfeldern bin ich als Mann dann der Aktive und meine Frau lässt sich versorgen. Ich nenne dieses Partnerschaftsmodell das Ergänzungsmodell. Innerhalb dieses Modells haben auch die traditionalen Geschlechterbilder in unterschiedlicher Qualität funktioniert:

Der Mann geht morgens mit der Keule aus der Höhle, besteht draußen den Kampf des (Über-)Lebens und die Frau steht in der Höhle, kümmert sich um den Nachwuchs, macht Feuer und sorgt am großen Topf dafür, dass das, was der Mann als Jagdbeute nach Hause bringt, zu einer Mahlzeit weiterverarbeitet wird. Ein eindeutiges Ergänzungsmodell.

Wenn Sie ein Partnerschaftsbuch, das mit seinen Nachfolgebänden immer gleicher Stereotypen leider immer noch Höchstauflagen erreicht, aufschlagen: *Warum Männer nicht zuhören und Frauen schlecht einparken* von Barbara und Alan Pease — das haben übrigens zwei Geschwister geschrieben und nicht ein Paar —, dann wird das ja propagiert, dass in der

Ergänzung der Verschiedenheit das eigentliche Glück der Partnerschaft liegt. Ich glaube auch an dieses Modell der Ergänzung zweier seit dem Neandertal vorbestimmter Hälften nicht. Ich glaube nicht, dass man auf Dauer damit glücklich werden kann, sich zu reduzieren, damit man mit seinen Defiziten dort mit dem Anderen zusammenpasst, wo er Stärken hat. Für die eigene Entwicklung als Persönlichkeit erscheint es mir allzu pessimistisch, wenn propagiert wird: Du kannst sowieso nur die eine Hälfte des Menschenmöglichen ausbilden, die andere Hälfte muss dir als Ergänzung von irgendwoher zukommen. Und selbst wenn man das in eine romantische Redewendung kleidet und sagt: Meine Frau oder mein Mann ist doch meine *bessere Hälfte* — freundlicherweise ist ja dann immer der oder die Andere die bessere Hälfte — wenn wir beide, wie man in Norddeutschland sagt, die Plünnen zusammenschmeißen, dann wird doch aus zwei besseren Hälften zusammengenommenen ein wunderbarer ganzer Mensch, jedenfalls in der Wirkung nach außen.

Wenn also weder die Übereinstimmung von Interessen, Werten und Freizeitbetätigungen, noch das Modell einer Ergänzung von den unterschiedlichen Entwürfen des Menschen nach Frau und Mann zu einer gelingenden Partnerschaft führen — welche Modelle könnten jenseits von Übereinstimmung und Ergänzung als Alternativen entwickelt werden?

Weist die Sehnsucht nach Gleichheit auf den Anteil des Gemeinsamen in der Partnerschaft, dann kann der Gedanke der Ergänzung des Einseitigen als ein Hinweis auf den Einzelnen und seine Entwicklungsmöglichkeiten gedeutet werden. Aus der Beratung von Paaren ist für mich die mangelnde oder beschleunigte Veränderung der Partner als ein zentrales Kriterium für das Gelingen von Partnerschaft erkennbar geworden. Beides kann als Entfremdung voneinander empfunden werden. Gehen wir also zunächst auf den Anteil der individuellen Entwicklung beider Partner innerhalb der Partnerschaft ein. Durch den Schriftsteller Patrick Roth und seine Heidelberger Poetikvorlesungen[1] bin ich auf ein Buch des US-amerikanischen Psychologen Edward F. Edinger gestoßen: *Der Weg der Seele.*[2] C.G. Jung hat innerhalb seiner Analytischen Psychologie die mittelalterliche Naturlehre differenzierter Elementarprozesse, die Alchemie, auf die archetypischen Entwicklungsdynamiken der Seele übertragen. Was die Alten als natürlich-seelisch-geistiges *opus* (Werk) beschrieben haben, das die ursprüngliche *prima materia* (erste oder ursprüngliche Materie) zum *Stein der Weisen* verwandeln soll, das beschreibt Edinger auf

[1] Patrick Roth: **Zur Stadt am Meer:** Heidelberger Poetikvorlesungen. Suhrkamp 2005

[2] Edward F. Edinger. **Der Weg der Seele.** Der psychotherapeutische Prozeß als Spiegel der Alchemie. Kösel 1990

den Spuren Jungs als Weg der Seele zu einer Verwandlung in eine den Schatten integrierende Selbstwerdung oder Individuation. Und wie die Materie der Alchemisten allerlei Unreinheiten hinter sich lassen muss, so das zur Individuation reifende Selbst des Menschen den Schatten und die Projektionen der eigenen Unreife auf andere Menschen.

Edinger beleuchtet diese verschiedenen Gestaltungsvorgänge ausführlich, z.B. die vielleicht am ehesten aus sich selbst verständliche *solutio*, die Lösung, die Wässerung. Der Vorgang der Verflüssigung löst auf, was sich im Laufe meines jeweiligen Alterungsprozesses verfestigt hat. Ich selbst muss dafür sorgen, dass ich mir genügend Wasser zuführe, z. B. durch Humor, einen der Verflüssiger in der Seele. Jede echte *solutio* ist ein Loslassen um einer Neugeburt willen. Das kann bedeuten, Bilder von mir aufzulösen, die sich verfestigt haben, Gewohnheiten in Frage zu stellen, die zu Automatismen geworden sind, alles Gewordene immer wieder einmal in Frage zu stellen, um mit mir selbst in eine neue Verbindung zu kommen.

Dann gibt es den dazugehörigen Gegenprozess, die *coagulatio*, also die Salzung, die Salzwerdung, bei der etwas, was zunächst in flüssiger Bewegung gewesen ist, auskristallisiert und Formgestalt annimmt. Die *coagulatio* zeigt sich in Erlebnissen, bei denen im Werk der Selbstverwandlung etwas aus einem zunächst noch beweglichen und flüssigen Aggregatzustand in eine Form übergeht, die eine gewisse Dauer verspricht, die den Abschluss eines Werdevorgangs repräsentiert. Das gehört genauso berechtigt zur Erfahrung der Individuation: Plötzlich stehe ich sozusagen als Salzkristall für mich allein da und habe die beglückende Erfahrung, dass mir die Mitmenschen zurückspiegeln: Ja, ich bin auf diesem oder jenem Feld seelischer Reifung jemand geworden, der zu sich ‚Ich' sagen kann.

Edinger beschreibt insgesamt sieben Prozesse: Der *solutio* geht die *calcinatio*, die reinigende Feuerung, die Weißwerdung der ursprünglich todgeweihten schwarzen *materia prima*, voraus. Der Darstellung der *coagulatio* folgt die der *sublimatio*, der *Luftung*, bei der es um die Verwandlung des Festen in Luftförmiges geht. Nach der *mortificatio*, des Sterbewerks, werden als letztes Gegensatzpaar die *separatio*, die fruchtbarmachende Trennung, und die *coniunctio*, die Vereinigung der Gegensätze, beschrieben. In diesem Kosmos von Prozessen findet sich die Seele nicht etwa in einem einmaligen Durchgang, sondern die Kunst der Selbstverwandlung besteht gerade darin, aus der jeweiligen Einseitigkeit, in die sich die Seele unversehens bewegt hat, eine kreative Bewegung mit dem Ziel eines weiteren Schrittes zur Integration des Schattens und der Individuation zu machen.

Im Prozess der Selbstwerdung geht es auch um die Integration von archetypisch weiblichen und archetypisch männlichen Elementen. C.G. Jung hat davon gesprochen, dass es für den Mann notwendig ist — gerade für den Mann jenseits der Lebensmitte — seine *anima* in sich selbst zu finden. Er soll sich also nicht nur seinen *animus,* den archetypisch männlichen Teil der Seele, sondern auch seine archetypisch weiblichen Anteile aneignen. Ich verstehe das nicht in dem Sinne, dass es dabei um eine Verweichlichung oder Auslöschung von Männlichkeit ginge, sondern um eine innere Fortentwicklung und Erweiterung über die Grenzen dessen, was einem zunächst einmal näher liegt. Die *coniunctio* von Männlichem und Weiblichem im Individuum selbst entlässt die Partnerschaftsbeziehung aus dem problematischen Bereich des Aufeinanderangewiesenseins. Die Partner *brauchen* sich nicht mehr, weil sie in ihrer Einseitigkeit nicht lebensfähig sind, sondern machen sich Zweisamkeit gegenseitig zum Geschenk. Mann und Frau haben es immer weniger nötig, die gegengeschlechtlichen archetypischen Anteile des Selbst in der Projektion am Anderen abzuarbeiten, sondern reifen jede und jeder für sich zu unabhängigen Persönlichkeiten.
Bei der Entwicklung einer gleichermaßen kraftvollen und zärtlichen männlichen Identität brauche ich um der Partnerschaft willen weder meine Männlichkeit

zu verleugnen und der neuerdings vielfach beschimpfte *nice guy* zu werden, dessen höchstes Handlungsziel darin besteht, es den Frauen recht zu machen — noch muss ich mich vor dem Weiblichen in Schutz bringen, weil ich Verweichlichung und Androgynität fürchte. Die Spannung und Dynamik zwischen Männlichem und Weiblichem kann sowohl in der eigenen Person, als auch in der Partnerschaft gefunden und gelebt werden. Die vier männlichen Archetypen, die z.B. Reinhold H. Schäfer in seiner initiatischen Männerarbeit als Orientierungsrichtung zur Entwicklung von Männlichkeit nutzt,[3] enthalten in sich bereits zwei archetypisch weibliche Elemente: Neben dem König und dem Krieger finden sich eben auch der Liebhaber und der Magier, die eine Integration archetypisch weiblicher Elemente in die männliche Identitätsbildung nahelegen. Auch Werkzeuge gemeinschaftlicher Männerinitiation, wie z.B. die Schwitzhütte als Bild des Uterus zur männlichen Selbstgeburt, aber auch die Männergruppe selbst, enthalten archetypisch weibliche Anteile.

Um eine ausgewogene Darstellung zu geben, müsste jetzt eine Frau über die spezifischen Herausforderungen und Möglichkeiten weiblicher Identitätsfindung sprechen. Ich begrenze mich hier bewusst auf die mir inzwischen zugänglichen Fragen männlicher

[3] http://www.maenner-initiation.de/

Identitätssuche und hüte mich vor dem Übergriff auf das geachtete fremde Terrain fraulicher Entwicklung.
Zurück zu der Fragestellung der Partnerschaftsmodelle: Wenn weder das Übereinstimmungs- noch das Ergänzungsmodell fruchtbar werden können, welches alternative Modell würde dann als aussichtsreich gelten? Nach meinem Verständnis ist das Modell, das sowohl für die Eigenentwicklung der Partner als auch für die Reifung der Gemeinsamkeit am besten geeignet ist, ein Anregungsmodell. Die Partner spüren den Reiz des Fremden im Anderen sowohl für ein lebendiges Miteinander als auch als Anregung, das beim Anderen Wahrgenommene in das eigene Entwicklungskonzept zu integrieren.
Auf diesem Wege kann es gelingen, einerseits Gemeinschaft lustvoll zu ermöglichen und gleichzeitig die Individuation des Einzelnen zu unterstützen. Dabei wird das Fremde nicht nur in Kauf genommen, etwa indem formuliert wird: Naja, du hast ja auch noch deinen eigenen Bereich, in dem ich nichts zu suchen habe, sondern indem ich mich selbst frage: Wie kann ich zum Förderer dessen werden, was mir am Anderen fremd, vielleicht sogar unbequem, vielleicht sogar fragwürdig erscheint? Das setzt voraus, dass ich eine gewisse Ruhe in mir selbst gefunden habe und dass wir beide, die dieses Modell leben wollen, eine gewisse Großzügigkeit im Umgang miteinander

anstreben und uns z.B. nicht von den romantischen Partnerschaftsvorstellungen gefangen halten, man müsste alles gemeinsam und alles in derselben Intensität und mit denselben Zielvorstellungen in der Partnerschaft teilen, sonst wäre es keine gute, keine eigentlich glückliche Partnerschaft.

Ich finde es interessant, dass immer mehr Paare in Konfliktsituationen in die Beratung kommen, bei denen offenbar die Fähigkeit wächst, Distanz in der partnerschaftlichen Beziehung nicht nur zuzulassen, sondern als gestaltendes Element zu begreifen. Für mich ist das übrigens eine männliche Korrekturgebärde gegenüber einer einseitig weiblichen Romantikvorstellung in der Partnerschaft, die zu einer Überbetonung von Nähe geführt hat. Die Idee der Distanz als eines beglückenden, als eines fördernden Moments in der Partnerschaft ist archetypisch männlich. Sie hat mit dem männlichen Auftrag der *separatio* zu tun: Für das Gedeihen des einzelnen Partners muss die trennende Distanz dafür sorgen, dass Gemeinsamkeit und Nähe eine Balance im Für-Sich-Sein finden. Diese Überzeugung und dieses Lebensgefühl setzt sich nach meiner Wahrnehmung immer mehr durch. Nähe ist nur die eine Seite der partnerschaftlichen Kompetenz, dazu muss auch die Distanzfähigkeit kommen. In den alten Schlachtrufen des Geschlechterkriegs wurde die Distanzfähigkeit gern als Bindungsproblem diffamiert. Heute erlebe ich sowohl Frauen als auch Männer in der Beratung, die sich mehr Distanz in der Partnerschaft wünschen.

Um welche Fragen geht es bei der Fähigkeit, Distanz als partnerschaftsstiftend zu empfinden? Kann ich mich gerade in der Gegenbewegung, im Absetzen vom Anderen mit ihm partnerschaftlich verbunden fühlen? Ertrage ich Stunden, Tage, Wochen, Monate der Einsamkeit und muss trotzdem deswegen nicht die Partnerschaft aufkündigen? Kenne ich den Wert des Wiederfindens oder habe ich bei jedem Abschied nur den Schmerz der Trennung und die Angst vor dem Verlust? Genieße ich den lustvollen Austausch mit der oder dem aus der Fremde in die Gemeinsamkeit Zurückgekehrten?

Im traditionalen Partnerschaftsmodell wurde oft auf eine sehr kleine Basis von Nähe ein ganzes Bündel von Erwartungen geschnürt, das nicht selten zur erstickenden Implosion der Gemeinschaft der von der Nähe Abhängigen führte. Der oder die Andere soll mir alles sein: Geliebter und Geliebte, Freund und Freundin, Berater und Beraterin, Versorger und Versorgerin... Die Liste ist fast beliebig verlängerbar. Warum muss das eigentlich so sein? Warum diese Engführung? Warum gestehen wir uns nicht zu, dass vieles, was uns zu innerem Wachstum anregt, gar nicht aus der einen zentralen Partnerschaft unseres Lebens erwachsen muss, sondern dass es viele andere

Anregungen aus einer Freundschaftskultur geben kann, die uns zunächst ein Stück in Distanz zur Partnerschaft bringen können, aber letztlich viel mehr befähigen, die Nähe in der Partnerschaft zu leben und zu würdigen. Dann wird die gemeinsam verbrachte Zeit nicht mehr das Abarbeiten einer vorgegebenen Erwartungshaltung, sondern zu einer echten Bereicherung, Erneuerung und Erfrischung: Dass ich jetzt mit dir diese Stunde teile, dass ich mit dir Tisch und Bett teile, empfinde ich als ein Beschenktwerden von deiner Seite — und ich möchte versuchen, es von meiner Seite ebenfalls als Geschenkes zu leben — jenseits der Ökonomie der Erwartungen. In dieser Dynamik liegt die stärkste Kraft der Anregungsgemeinschaft, dass wir die positive Möglichkeit haben, uns gegenseitig in der Fremdheit zu erstaunen, zu überraschen, zu beschenken und dass wir keine Anspruchsabgleichsgemeinschaft mehr sein wollen. Darin liegt ja sozusagen der ökonomisierende Tod der Gemeinschaft, wenn die Partner still oder gar lautstark formulieren: *Ich kann doch wohl erwarten, wenn ich dieses oder jenes einbringe in unsere Partnerschaft, dass du von deiner Seite auch dieses oder jenes einbringst. Und wenn das nicht gelingt, dann muss ich den Vertrag der Gemeinschaftlichkeit infrage stellen*. Auch in einer Anregungsgemeinschaft gibt es Verabredungen, selbstverständlich. Die Partner gehen bewusst soziale Bindungen und Verpflichtungen

ein, aber sie bietet dem Ideal nach eine sehr viel breitere Basis dafür, dass Gemeinschaftlichkeit nicht als Bedrohung des eigenen Selbst, sondern im besten Sinne als Förderung erfahren werden kann.
Aus der Verschiedenheit, die sich im alten Modell ergänzen soll, entstand leicht eine Art Unterströmung, nämlich der Geschlechterkampf, dass man ständig in Konkurrenz fragt: Welche Teile des Ganzen kann ich für mich in Anspruch nehmen, welche Teile kann ich erobern von dem gemeinsamen Terrain und welche kann ich loswerden? Ich hörte neulich gerade eine reife Frau erzählen: *Ich hatte das bisher mit meinem Mann so eingerichtet, dass er für den Garten zuständig war in unserer gemeinsamen Lebensführung, also alles außerhalb des Hauses war sein Gebiet. Und alles innerhalb des Hauses war meine Zuständigkeit. Nun habe ich meinem Mann erklärt, weil ich an der Gartenarbeit Spaß gefunden habe: Jetzt werde ich auch im Garten arbeiten.* Das war für diesen Mann — so schilderte es die Frau — eine echte Bedrohung. Tatsächlich sind ja viele Partnerschaftskonflikte, solche Grenzkonflikte: Bin ich dran oder bist du dran? Das kann sich auf die Zeit beziehen, wenn es darum geht, dass jemand etwas für sich in Anspruch nimmt an den gemeinsamen Ressourcen, um für seine persönliche Weiterentwicklung etwas zu tun. Oder es geht um den Raum: Wer bestimmt die Ordnung oder Unordnung dieses oder

jenes Raumes in der gemeinsamen Wohnung? Dann konnte es sehr leicht dazu kommen, dass sich Anspruchshaltungen entwickelten und ein Grabenkampf entstand: Wer darf bestimmen, wo es langgeht? Wer muss folgen? Wer hat die Freude, Außenkontakte bestimmen zu dürfen? Wer hat das Nachsehen und muss all dem hinterherlaufen?

In den Konfliktzonen der Partnerschaft entstand dadurch ein untergründiges Kriegsgeschehen, das man sich mit einem sehr interessanten Bild versinnlichen kann: Neben jedem Menschen geht ein Schattenbild oder Doppelgänger. Dieser Doppelgänger ist die Summe dessen, was nicht verarbeitet ist. Eine Verletzung — vielleicht aus der eigenen Kindheit oder aus früheren Partnerschaften —, die einen ständig begleitet, aber die man nicht in das Lichtwesen der eigenen selbstbestimmten Persönlichkeit integrieren kann. Dieses Schattenwesen, dieser Doppelgänger, hat besonderes Interesse daran, solche Kriege zu führen, so ein Schattenboxen zu veranstalten, wo es dann nicht mehr um das gemeinsame Ganze geht, sondern wo ständig die Frage ist: Du oder ich? Was mich am Anderen, an seinem oder ihrem Fremden nicht an-, sondern aufregt, ist ja oft gerade das, was ich an mir selbst am wenigsten ertragen kann. Das ist vielleicht gar nicht so sehr die Eigentümlichkeit der Partnerin oder des Partners, sondern ist der Teil in mir selbst, mit dem ich es schwer habe, mit dem ich bis jetzt nicht Frieden geschlossen habe, sondern der neben mir herläuft oder eben als Schatten meiner selbst in mir herumrumort und dazu führt, dass ich in meiner eigenen Selbstwerdung nicht weiterkomme. Und ich behaupte, dass dieses Schattenwesen in dem Grundmuster des Ergänzungsmodells der Partnerschaft einfach einen besseren Lebensraum hat. Der kann da besser gedeihen.

Wo mir das Fremde nicht bedrohlich erscheint, wo es mir nicht meine eigenen Schwächen vorspielt, wo es mich in Bewegung versetzt, da gelingt ein solches Modell der gegenseitigen Anregung. Eine Partnerschaft, die nach diesem Modell gelebt wird, will im Idealbild nicht ein Zusammenfügen zweier Puzzlesteine zu einer idealisierten Einheit des Menschen, sondern sie arbeitet darauf hin, dass jeder in sich das zur Entwicklung bringt, was ihm noch nicht zu Gebote steht. Durch diese Entwicklung jedes Einzelnen zu sich selbst, diese Verwandlung gerade der eigenen Schattenanteile in der Individuation zur eigenen Identität, geht es im Zielbild nicht um den einen Menschen, den Einheitsmenschen, sondern um zwei herrlich verschiedene Menschen, die sich in einer gegenseitigen Achtung und Förderung fortwährend in Bewegung bringen.

Der Vorgang der Individuation wird nach meiner Wahrnehmung in den geschichtlichen Verläufen des 20. und 21. Jahrhunderts zum eigentlichen Knotenpunkt menschlicher Entwicklung. Es geht um die Frage: Was hat mein Leben mit mir zu tun? Werde ich als ein Alchemist meiner eigenen inneren Entwicklung den Weg gehen können von der *prima materia*, also vom Ursprungszustand — und das ist eben für den Alchemisten zugleich der Zustand, wie ich ihn heute gerade vorfinde mit der aktuellen Tagesform und zugleich der Uranfang meiner eigenen Existenz — zum *Gold*, zum *Stein der Weisen*? Die Existenzfrage der Partnerschaft stellt sich in einem Durchbrechen der ökonomisierenden Gesetze einer Tauschgemeinschaft zu der jenseits der Ansprüche und Erwartungen gedeihenden Gemeinschaft, in der jeder sich dem anderen zum freilassenden Geschenk macht und in der beide Partner sich im Verlieren und Wiederfinden im Geschenkegeben und -nehmen gegenseitig anregen zu ihrer einzigartigen Erfüllung des Menschseins.

Bei GESUNDHEITSPFLEGE initiativ außerdem erschienen:

von Michaela Glöckler:

Die Biographie des Menschen und ihre geistigen Gesetze | ISBN 978-3-932161-03-2

Krankheit und Schicksal | ISBN 978-3-932161-11-7

Leben vor der Geburt | ISBN 978-3-932161-15-5

Leben nach dem Tod | ISBN 978-3-932161-16-2

Die Kulturaufgabe des alten Menschen | ISBN 978-3-932161-20-9

Wie erkenne ich meinen Engel? | ISBN 978-3-932161-49-0

Wahrheit & Lebenskraft | ISBN 978-3-932161-33-9

Gesundheit verstehen
Anthroposophische Inspirationen
für Krebs vorbeugendes Handeln | ISBN 978-3-932161-74-2

[mit Volker Fintelmann + Jürgen Schürholz]
Spiritualität & Gesundheit
Am Beispiel der Krebserkrankung | ISBN 978-3-932161-62-9

[mit Mathias Wais] **Die Kraft der Krise**
Männliche und weibliche Potenziale sich neu zu (er-)finden
ISBN 978-3-932161-70-4

---

von Ulrich Meier:

Das Kind in sich entdecken | ISBN 978-3-932161-41-4

Mythos "Guter Mensch" | ISBN 978-3-932161-50-6

[mit Mathias Wais + Claudia Grah-Wittich]
Wie werden aus Jungs richtige Männer
— und wer ist dafür zuständig? | ISBN 978-3-932161-75-9

[mit Rolf Pohl + Reinhold H. Schäfer] **Männliche Sexualität**
— Drama und Entwicklungschance | ISBN 978-3-932161-67-4